Italienische
FEIERABEND KÜCHE

Italienische
FEIERABEND KÜCHE

60 schnelle
Soulfood-Rezepte
in maximal
30 Minuten

Kochen mit Daniel
von @Fitaliancook

EMF

EIN BUCH DER
EDITION MICHAEL FISCHER

INHALT

ONE-POT-REZEPTE 49

OFEN-REZEPTE 73

Mahlzeit!

Hi, ich bin Daniel und leidenschaftlicher Hobbykoch! Vielleicht kennst du mich bereits von Social Media, wo ich als Fitaliancook mein Unwesen treibe oder vielleicht sogar aus meinen TV-Auftritten wie beim Perfekten Dinner 2020.

Als Sohn eines neapolitanischen Kochs wurde mir die Leidenschaft für leckeres Essen und fürs Kochen quasi in die Wiege gelegt. Seit 2017 teile ich diese auf meinen Social-Media-Profilen, und dass ich nun dieses Buch schreiben kann und darf, ist einfach nur irre! Kann mich bitte mal jemand kneifen? 😜

An dieser Stelle bereits einmal liebe Grüße an meine Mama – ohne dich wäre das alles nicht möglich gewesen!

Jetzt aber zum Buch! Hier findest du neben beliebten Klassikern von mir, wie der viralen Burrata-Pasta, auch viele exklusive, schnelle und einfache Rezepte, perfekt für den Feierabend!

Denn so ist das Ganze rund um Fitaliancook überhaupt entstanden. Mit Vollzeitjob und zeitweilig noch nebenberuflichem Studium blieb nicht viel Zeit, um lange in der Küche zu stehen. So waren alltagstaugliche und vor allem schnelle Rezepte bereits vor meiner Zeit auf Instagram und Co. an der Tagesordnung. Dass man hierbei nicht auf Genuss verzichten muss, möchte ich dir mit diesem Buch beweisen.

Ich verwende hier bewusst kaum extravagante Zutaten oder Gewürze und zeige dir, wie du mit wenigen Zutaten, wovon du wahrscheinlich schon viele zuhause hast, ein schnelles und leckeres Gericht kochen kannst.

Meine italienische Feierabendküche ist daher auch ein Kompromiss zwischen italienischer Kochkultur und moderner, alltagstauglicher Küche. Viele traditionell italienische Gerichte zeichnen sich durch ihre zeitintensive Zubereitung aus wie beispielweise eine gute Bolognese oder neapolitanischer Pizzateig. Es gibt jedoch auch einige traditionelle Rezepte, die wunderbar als Feierabendrezept durchgehen, und diese zeige ich dir direkt im ersten Kapitel.

Traditionsbewusste Italiener werden bei den darauffolgenden Rezepten sicherlich das ein oder andere Mal mit dem Kopf schütteln, denn hier breche ich vielleicht hin und wieder ungeschriebene italienische Kochgesetze. Jedoch bin ich fest davon überzeugt: Erlaubt ist, was schmeckt! Denn, wenn niemand je etwas Neues kombiniert und probiert hätte, würde es viele leckere Rezepte heute sicher nicht geben!

Und eins sage ich dir, die Rezepte in diesem Buch sind nicht nur schnell und lecker, sondern auch einfach nachzukochen. Ganz nach meinem Motto: Jeder kann kochen – versprochen!

Viel Spaß – und nun ist schmecken lassen angesagt!

Daniel

GRUNDLAGEN

Meine italienische Feierabendküche zeichnet sich nicht durch extravagante Zutaten aus, sondern eher durch die Kombination und Einfachheit dieser. Viele Zutaten wirst du daher in mehreren Rezepten immer wieder finden. Das hat den Vorteil, dass du mit einem Grundstock an Basiszutaten verschiedene Rezepte kochen kannst, ohne dafür in diverse Feinkostläden zu müssen. Ein paar dieser Zutaten und wichtige Küchenhelfer stelle ich dir im Folgenden vor!

WAS ICH IMMER AUF VORRAT HABE

Meine Feierabendküche zeichnet sich durch ihre Einfachheit aus. Und was ist einfacher, als wenn man die meisten Zutaten bereits zuhause hat, und sie nur aus dem Schrank und dem Kühlschrank holen muss?

Schon weit vor den Hamstereinkäufen waren einige Schubladen in unserer Küche reserviert für Pasta, Reis und diverse Konserven wie San-Marzano-Tomaten, Passata und Co. So lässt sich immer etwas Schnelles zaubern, auch wenn man gerade nicht einkaufen war. Was ich immer zuhause habe, und du in den Rezepten immer wieder finden wirst, zeige ich dir hier.

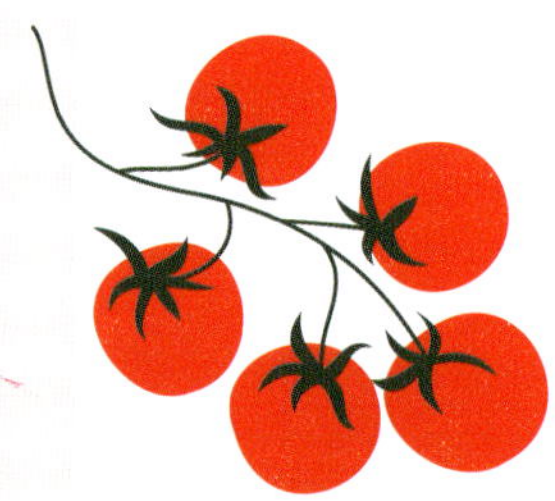

IM VORRATSSCHRANK

Pasta in diversen Formen. Meine Favoriten: Rigatoni, Farfalle, Orecchiette

Risotto-Reis

Basmatireis

Knoblauch

Rote Zwiebeln und Schalotten

gutes Olivenöl

Pfefferkörner

Gemüsebrühe (Pulver)

getrocknete italienische Kräutermischung

passierte Tomaten

San-Marzano-Tomaten (Dosen)

IM KÜHLSCHRANK/ EISFACH

Gnocchi

Tortelloni

Parmigiano Reggiano (Parmesan)

Pecorino Romano

Kochsahne

Pancetta

Kirschtomaten

TK-Erbsen

TK-Brokkoli

TK-Petersilie

DAS RICHTIGE WERKZEUG

gutes Küchenmesser

große Pfanne (mindestens ∅ 28 cm)

bestenfalls auch eine ofenfeste Pfanne (∅ 28–32 cm)

Kochtopf für Pasta (ca. 3 l Fassungsvermögen)

Auflaufform (ca. 20 x 30 cm)

Küchenwaage

Sieb

Stabmixer

Suppenkelle (für Pastawasser)

Schaumkelle, um die Pasta aus dem Kochwasser zu heben

Silikon- oder Holzpfannenwender (ich bevorzuge Silikon)

Servierzange mit Silikonspitzen zum Wenden und Servieren von Spaghetti

BASICS IN MEINER KÜCHE

PASTA

Pasta ist ein, wenn nicht sogar der wesentliche Bestandteil der italienischen Küche. Sie kommt in einer Vielzahl an Sorten und Formen daher, die sich für unterschiedliche Saucen und Gerichte eignen. Die kurze und einfache Zubereitung macht sie zur idealen Grundlage für die Feierabendküche!

Man unterscheidet zwischen frischer und getrockneter Pasta. Frische Pasta wird meist aus Mehl/Semola und Ei hergestellt und hat eine zarte Textur sowie einen intensiven Geschmack. Getrocknete Pasta hingegen besteht aus Hartweizengrieß und Wasser.

Hochwertige Pasta zeichnet sich durch bestimmte Merkmale aus. Als Faustformel kannst du dir merken, dass hellere Pasta generell hochwertiger sein wird als gelbliche Pasta. Das hängt auch mit der rauen Oberfläche qualitativ hochwertiger Pasta zusammen. Dadurch kann die Sauce, besser an der Pasta haften.

Jede Pasta-Form hat ihre eigenen Vorzüge und eignet sich für unterschiedliche Saucen. Zum Beispiel sind lange und dünne Nudeln wie Spaghetti oder Linguine ideal für leichte Saucen wie Pesto oder Aglio e Olio, während röhrenförmige Nudeln wie Penne oder Rigatoni hervorragend für dickere Saucen auf Tomaten- oder Sahnebasis geeignet sind.

PASTAWASSER

Pastawasser – der Schlüssel zu perfekter Pasta und köstlichen Saucen. Was soll an Nudelwasser so besonders sein, wird sich manch einer denken. Doch damit steht und fällt jedes gute Pasta-Rezept! Denn auf das richtige Verhältnis kommt es an. Ich habe immer wieder erlebt, wie Menschen ihr Pastawasser zu wenig salzen, und die Pasta somit nicht ihr volles Aroma entfalten kann! Für das richtige Verhältnis kannst du dir folgende Faustformel merken:

100 – 10 – 1
also 100 g Pasta mit 10 g Salz in 1 l Wasser

Pastawasser ist aber nicht nur das gesalzene Wasser, in dem du deine Pasta kochst. Es ist auch für die perfekte Konsistenz der Nudeln verantwortlich und spielt eine wichtige Rolle bei der Zubereitung deiner Sauce. Das Pastawasser enthält neben Salz auch wertvolle Stärke, die während des Kochens der Pasta ans Wasser abgegeben wird. Damit werden in der traditionellen italienischen Küche nahezu alle Saucen abgebunden und gleichzeitig gesalzen. 1–2 Kellen Pastawasser machen oftmals den Unterschied zwischen einer guten und einer genialen Sauce!

Vergiss also nicht, etwas Pastawasser aufzubewahren und es bei Bedarf in deine Saucen einzuarbeiten. Du kannst sie damit andicken, aber auch etwas strecken. Daher wirst du in vielen meiner Rezepte auch immer wieder „1–2" Kellen Pastawasser lesen, da damit oftmals am Ende eines Rezepts die richtige Saucenkonsistenz hergestellt wird. Es ist eine tolle Möglichkeit, den Geschmack und die Qualität deiner Pasta-Gerichte auf das nächste Level zu bringen und das ohne viel Schnickschnack – genial, oder?

RISOTTO-REIS

Für ein perfektes Risotto ist der richtige Reis entscheidend. Hier gibt es zwei Sorten, die ich beide gerne in meinen Rezepten nutze.

Arborio-Reis
Arborio, benannt nach dem gleichnamigen italienischen Dorf, ist für seine rundliche Form und seine hohe Stärkekonzentration bekannt. Dies verleiht dem Risotto seine cremige Konsistenz. In Italien wird dieser Reis am häufigsten benutzt. Bei uns in Deutschland wird er auch oft als „Milchreis" verkauft. Daher kannst du, falls du keinen Risotto-Reis im Laden findest, zur Not auf Milchreis zurückgreifen.

Carnaroli-Reis
Carnaroli hingegen gilt als „König des Risotto-Reises" und wird häufig für klassisches Risotto alla milanese verwendet. Der Reis zeichnet sich durch längliche Körner aus, die ihre Struktur behalten und ein perfektes Gleichgewicht zwischen Cremigkeit und Biss bieten. Dies ist auch die Sorte, welche ich am häufigsten verwende.

ITALIENISCHER KÄSE

Italienischer Käse ist weder aus meiner, noch aus der italienischen Küche wegzudenken. Es gibt eine Vielzahl an Sorten, hier möchte ich jedoch auf drei besonders bekannte eingehen. Jede dieser Käsesorten hat ihre eigene Geschichte, geschützte Herstellungsmethode und charakteristischen Geschmack. Diese drei verwende ich besonders häufig, und du bekommst sie in deutschen Supermärkten ebenfalls gut zu kaufen.

Parmigiano Reggiano
Der Parmigiano Reggiano, oft auch nur Parmesan genannt, ist wohl eine der berühmtesten italienischen Käsesorten und wird oft als „König des Käses" bezeichnet. Er stammt aus der Region Emilia-Romagna und wird aus Rohmilch hergestellt. Parmigiano Reggiano eignet sich hervorragend zum Reiben über Pasta oder Salate. Aber auch beim Belegen von Pizza bildet er nach dem Auftragen der Tomatensauce die zweite Schicht und trägt zur Würzung bei.

Pecorino Romano
Der Pecorino Romano ist ein Hartkäse aus Schafsmilch und stammt aus der Region Latium. Er hat einen starken, würzigen und salzigen Geschmack, der mit der Reifezeit zunimmt. Pecorino Romano wird oft gerieben oder in dünne Scheiben geschnitten serviert und ist eine beliebte Zutat für viele italienische Gerichte wie Carbonara oder alla gricia.

Gorgonzola
Gorgonzola ist ein Blauschimmelkäse aus Kuhmilch und stammt aus der Region Lombardei. Er zeichnet sich durch seine blaugrünen Adern aus und hat einen cremigen und leicht pikanten Geschmack. Gorgonzola eignet sich sowohl als Brotaufstrich als auch als Zutat in Saucen oder Salaten. Seine cremige Konsistenz verleiht Gerichten eine reichhaltige und würzige Note. Du findest Gorgonzola meist in zwei Varianten: Dolce oder Piccante. Während Dolce cremiger und milder ist und somit perfekt in Saucen passt, nutze ich Piccante gerne für Pizza oder als Antipasti.

TOMATEN

Ich liebe Tomaten! Kirschtomaten sowie hochwertige San-Marzano-Tomaten oder Passata haben wir immer zuhause! Tomaten sind auch ein unverzichtbarer Bestandteil der italienischen Küche und verleihen vielen Gerichten ihren typischen Geschmack.

San-Marzano-Tomaten

Vielleicht hast du von San-Marzano-Tomaten schon einmal gehört oder sie sogar genutzt. Sie sind eine der bekanntesten und beliebtesten Sorten Italiens. Sie zeichnen sich durch ihre längliche Form, ihre intensive rote Farbe und ihren süßen Geschmack aus. Ich finde, dass San-Marzano-Tomaten einen unverwechselbaren Geschmack haben und Gerichten eine besondere Note verleihen. Daher werden sie besonders in Saucen, Suppen und Pizzabelägen eingesetzt. Wenn es bei uns zuhause Pizza gibt, dann besteht die Sauce lediglich aus einer Dose San-Marzano-Tomaten, zerkleinert mit etwas Salz – mehr braucht es nicht.

Dosentomaten

Dosentomaten sind eine praktische Alternative zu frischen Tomaten, insbesondere wenn diese keine Saison haben. Zumal du in Deutschland wirklich schwer vollreife, leckere Tomaten bekommst. Daher nutze ich gerne Dosentomaten und finde, diese haben zu Unrecht immer noch einen schlechten Ruf.

Dosentomaten werden aus reifen Tomaten hergestellt, die schonend verarbeitet und in Dosen abgefüllt werden, um ihre Frische und die Aromen zu bewahren. Der Vorteil von Dosentomaten liegt darin, dass sie das ganze Jahr über erhältlich sind und eine konstante Qualität aufweisen. Daher greife ich gerne auf hochwertige Dosentomaten zurück, um den authentischen italienischen Geschmack zu erhalten. Achte beim Kauf darauf, dass du italienische Tomaten kaufst und dass in der Zutatenliste keine Zusatzstoffe stehen.

KOCHSAHNE

Kochsahne, auf Italienisch *panna da cucina*, spielt eine wichtige Rolle in der italienischen Küche und verleiht vielen Gerichten eine köstliche Cremigkeit und eine verlockende Textur. In meiner italienischen Feierabendküche verwende ich gerne Kochsahne, weil meine Familie die Rezepte damit liebt, und es mitunter die beliebtesten Rezepte auf meinen sozialen Kanälen sind.

Mit einem Fettgehalt von 15–20 Prozent ist sie leichter als Schlagsahne und lässt sich gut erhitzen, ohne zu gerinnen. Oft ist diese auch etwas dickflüssiger als Schlagsahne. Dadurch ist sie ideal für cremige Saucen oder zum Verfeinern von Suppen! Die Kochsahne gibt den Gerichten eine angenehme Sämigkeit, ohne dabei zu schwer zu wirken. Bei der Zubereitung von beispielsweise leckeren Tortellini alla panna ist Kochsahne eine unverzichtbare Zutat.

GEMÜSEBRÜHE

Gemüsebrühe ist eine vielseitige und praktische Zutat, die ich in meiner italienischen Feierabendküche häufig verwende. Ich nutze sie gerne, um eine Grundlage zu schaffen und den Gerichten eine herzhafte Note zu verleihen. Selbstgemachtes Gemüsebrühepulver bietet dabei natürlich ein paar Vorteile gegenüber industriell hergestellten Varianten, aber eins vorweg, es gibt auch sehr gute Bio-Produkte, die einer selbstgemachten Brühe kaum nachstehen.

Der größte Vorteil von selbstgemachtem Gemüsebrühepulver liegt in der Kontrolle über die Zutaten. Indem man die Gewürze und Gemüsesorten nach eigenem Geschmack wählt, kann man den individuellen Geschmack seiner Gerichte beeinflussen.

Wenn du mal deine eigene Gemüsebrühe herstellen möchtest, ist das ganz einfach. Wähle aromatisches Gemüse deiner Wahl wie beispielsweise Karotten, Sellerie, Zwiebeln, Lauch und dazu gerne noch Kräuter wie Petersilie oder Thymian. Am besten zerkleinerst du das Gemüse in einem Blitzhacker und trocknest es im Ofen auf niedriger Temperatur (ca. 70 °C). Danach kannst du es fein mixen und ggf. noch Salz hinzufügen. Dieses Pulver kann dann in luftdichten Behältern aufbewahrt und für viele Rezepte verwendet werden!

ITALIENISCHE KRÄUTER

Italienische Kräuter sind für mich als begeisterter Koch der italienischen Feierabendküche unverzichtbar. Sie verleihen meinen Gerichten den authentischen Geschmack und das gewisse Etwas, das ich so liebe. Besonders diese Kräuter sind dabei meine persönlichen Favoriten: Basilikum, Petersilie oder auch eine getrocknete italienische Kräutermischung.

Basilikum
Basilikum ist ein wahrer Klassiker in der italienischen Küche. Sein intensives Aroma verzaubert Gerichte wie Tomatensaucen, Caprese-Salate und Pesto. Die frischen Basilikumblätter geben den Speisen eine frische und würzige Note, die einfach unwiderstehlich ist.

Petersilie
Auch Petersilie hat in meiner Küche einen festen Platz. Mit ihrem frischen und leicht würzigen Geschmack verfeinert sie zahlreiche Gerichte. Ob in Suppen, Saucen oder als Garnitur – Petersilie verleiht den Speisen eine angenehme Frische und rundet den Geschmack perfekt ab.

Italienische Kräutermischung
Bei getrockneten Kräutern greife ich gerne auf fertige italienische Kräutermischungen zurück. Sie sind eine praktische Option, um meinen Gerichten eine mediterrane Note zu verleihen, besonders wenn frische Kräuter nicht zur Hand sind. Du findest sie in jedem Supermarkt. In diesen Mischungen findet sich oft eine harmonische Kombination aus Thymian, Oregano, Rosmarin, Majoran und Salbei. Sie verleihen Pizza, Pasta- und Fleischgerichten einen herrlichen Geschmack und machen das Kochen einfacher. In diesem Kochbuch werde ich daher häufig auf getrocknete italienische Kräuter zurückgreifen. Sie sind praktisch, vielseitig und ermöglichen es auch in hektischen Alltagssituationen, den Geschmack Italiens auf den Tisch zu bringen.

KÜCHENHILFEN

Oftmals sind es Kleinigkeiten, die den Unterschied ausmachen – so auch in der Küche! Hier sind einige meiner Lieblings-Küchenhelfer, die in keiner Küche fehlen sollten. Insgesamt sind diese praktischen Küchenhelfer unverzichtbar für die Zubereitung meiner italienischen Feierabendküche. Sie erleichtern und beschleunigen den Kochprozess erheblich, und daher kann ich sie dir nur empfehlen!

Die Schaumkelle
Sie ist ein Must-have, wenn es darum geht, die gekochte Pasta aus dem Topf zu holen. Mit ihrer großen, löchrigen Schöpfkelle kann ich die Pasta mühelos abtropfen lassen und direkt auf den Teller geben. So bleibt die Pasta al dente und bereit für die weitere Verarbeitung.

Die Schöpfkelle
Sie ist ein wahrer Allrounder. Mit ihr kann ich Suppen, Saucen und Eintöpfe großzügig portionieren. Außerdem verwende ich sie gerne, um die Pasta aus dem Topf auf den Teller zu schöpfen. Dank ihres großzügigen Volumens kann ich die richtige Menge an Sauce oder Brühe aufnehmen und meine Gerichte ansprechend servieren.

Die Küchenzange mit Silikon
Die Küchenzange ist mein treuer Begleiter, wenn es darum geht, die Spaghetti zu wenden und auf den Teller zu geben. Ihre spitzen, mit Silikon ummantelten Zangenenden ermöglichen es mir, die Nudeln mühelos und schonend zu greifen, ohne herumzukleckern oder die Pfanne zu zerkratzen.

Der Silikonspatel
Mit diesem Küchenhelfer bringst du auch den letzten Tropfen Sauce auf den Teller. Nichts ist frustrierender für mich, als wenn ich die leckere Sauce in der Pfanne zurücklassen muss, weil gerade kein passendes Werkzeug zum schonenden Auskratzen da ist.

Käsereibe und Zestenreißer
Diese zwei Reiben sind unverzichtbare Werkzeuge in meiner Küche. Mit der Käsereibe kann ich Parmesan oder Pecorino fein reiben. Der Zestenreißer hingegen ist perfekt, um die Schale von Zitrusfrüchten wie Zitronen oder Limetten abzureiben und dabei das intensive Aroma aus ihnen rauszuholen. Kleiner Tipp von mir: Es gibt sehr gute feine Reiben auf dem Markt, die Zitrusfrüchte und Hartkäse gleichermaßen perfekt bearbeiten können!

REZEPTE

Jetzt geht es los - hier findest du meine Rezepte. Neben traditionell italienischen Gerichten findest du auch viele Klassiker von mir, die sich besonderer Beliebtheit auf meinen Social-Media-Kanälen erfreuen. Aber auch exklusive Rezepte, die ich schon lange für mein erstes Kochbuch zurückgehalten habe, gibt es hier! Du kannst dich darauf verlassen, dass diese Rezepte funktionieren, - denn hiermit kann jeder kochen - versprochen!

Authentisch ITALIENISCH

Auf die italienische Esskultur sind Italiener besonders stolz! Cappuccino nach 12 Uhr oder Fisch mit Käse – ein absolutes No-Go in Italien – in diesem Kapitel bleibt es daher traditionell! Mit kulinarischen Regeln breche ich erst danach. 😜

3 Port.

Spaghetti CARBONARA

Der absolute Klassiker – natürlich ohne Sahne! Mit meinem Rezept wird es so richtig cremig! Ich mag Carbonara übrigens gerne auch mit Rigatoni – probier's mal aus!

ZUTATEN

350 g Spaghetti
150 g Guanciale (alternativ Pancetta oder Bacon)
6 Eigelb
150 g Pecorino Romano (alternativ Parmesan)
Salz
frisch gemahlener Pfeffer
Pastawasser nach Bedarf

ZUBEREITUNG

1. Schwarte des Guanciale abschneiden und dann in ca. 1 cm dicke Streifen schneiden. Nudelwasser aufsetzen und nur ganz wenig salzen, da Speck und Käse schon sehr salzig sind.
2. Eigelbe in eine Schüssel geben, den Käse hineinreiben und vermischen. Mit ordentlich frisch gemahlenem Pfeffer abschmecken.
3. Guanciale in einer Pfanne auf mittlerer Hitze anbraten, sodass das Fett langsam austritt. Wenn er langsam braun wird, aus der Pfanne rausnehmen. Den Herd ausstellen, aber die Pfanne stehen lassen.
4. Pasta al dente kochen, direkt aus dem Topf in die Pfanne geben und einmal im Fett schwenken.
5. Eiermasse und 1 Kelle Pastawasser in die Pfanne geben (Herd auf ganz niedriger Temperatur) und sofort kräftig rühren, es darf nicht stocken, immer weiter rühren. Die Sauce sollte nun langsam andicken. Ggf. die Hitze leicht erhöhen, wenn die Pfanne zu kalt geworden ist.
6. Guanciale und ggf. weiteres Pastawasser hinzugeben, bis eine cremige Sauce entsteht (immer weiter rühren).
7. Nudeln sofort auf vorgeheizten Tellern servieren. Bei Tisch ggf. mit Salz und frisch gemahlenem Pfeffer verfeinern.

3 Port.

Tortellini ALLA PANNA

Wer kennt sie nicht? Vielleicht sogar das Gericht meiner Kindheit! Aber wusstest du, nur mit Kochsahne und Eigelb in der Sauce wird es so richtig cremig und authentisch lecker!

ZUTATEN

500 g Tortellini
200 g Prosciutto cotto (alternativ Kochschinken)
Salz
1 TL Butter
400 g Kochsahne
1–2 Eigelb
frisch geriebener Pfeffer
frisch geriebene Muskatnuss
2–3 Kellen Pastawasser
50 g Parmesan

ZUBEREITUNG

1. Nudelwasser aufsetzen und salzen. Prosciutto cotto in schmale Streifen schneiden.
2. In einer Pfanne Butter schmelzen und Prosciutto cotto 2 Minuten leicht anbraten. 200 g Kochsahne zum Schinken geben und auf niedriger Temperatur langsam köcheln lassen.
3. Tortellini wie auf der Packungsangabe angegeben kochen.
4. Währenddessen das Eigelb in die restliche Sahne einrühren sowie etwas Pfeffer und 1 Prise Muskat.
5. Tortellini aus dem Topf direkt in die Pfanne heben, 2–3 Kellen Nudelwasser dabei auffangen.
6. Sahnegemisch und Parmesan in die Pfanne geben, und 2–3 Minuten köcheln lassen, bis alles cremig wird. Immer wieder etwas Nudelwasser dazugeben. Mit frisch gemahlenem Pfeffer verfeinern.

2 Port.

Spaghetti AGLIO E OLIO

Ein absolut schlichtes, aber superleckeres Gericht. Das Geheimnis ist hier die Zubereitung. Die Spaghetti werden im Öl mit reichlich Pastawasser zu Ende gegart wodurch die besondere Crème entsteht.

ZUTATEN

250 g Spaghetti
Salz
6–8 EL natives Olivenöl extra
1–3 Knoblauchzehen
1 TL Chiliflocken (alternativ 1 kleine frische Chilischote)
10 g glatte Petersilie
2–3 Kellen Pastawasser
½ TL frisch gemahlener Pfeffer

ZUBEREITUNG

1. Nudelwasser aufsetzen, salzen und Spaghetti hineingeben.
2. Parallel dazu Olivenöl in einer Pfanne bei niedriger bis mittlerer Hitze erhitzen. Knoblauch schälen und in Scheiben schneiden. Mit Chiliflocken ins Öl geben und sanft anbraten. Der Knoblauch soll nicht braun werden.
3. Petersilie waschen, trocken schütteln und klein hacken. Die Hälfte der Petersilie ebenfalls in die Pfanne geben.
4. 3–4 Minuten bevor die Spaghetti al dente sind, Spaghetti in die Pfanne geben (Nudelwasser dabei auffangen). Mit 2–3 Kellen Nudelwasser unter ständigem Rühren in der Pfanne fertig kochen, so entsteht die leckere Creme!
5. Mit der restlichen Petersilie verfeinern und mit Salz und Pfeffer abschmecken.

3 Port.

Rigatoni DEL MARESCIALLO

Rigatoni des Marschalls – schnell, einfach und deftig lecker mit Pancetta und San-Marzano-Tomaten! Ein Klassiker, der mit wenigen Zutaten auskommt, die wir immer zuhause haben!

ZUTATEN

350 g Rigatoni
100 g Pancetta
1 rote Zwiebel
Salz
2 EL Olivenöl
1 Dose San-Marzano-Tomaten (400 g Füllgewicht)
150 g Kochsahne
10 Basilikumblätter
Pfeffer
1 Kelle Pastawasser

ZUBEREITUNG

1. Nudelwasser aufsetzen und salzen.
2. Zwiebeln schälen und in feine Würfel schneiden.
3. Ggf. Pancetta von der Schwarte befreien und in ca. 0,5–1 cm dicke Würfel oder Streifen schneiden.
4. Olivenöl in einer Pfanne erhitzen und zunächst den Speck ca. 2 Minuten auf mittlerer Hitze anbraten, sodass das Fett langsam austritt. Dann die Zwiebel hinzugeben und noch einmal gemeinsam für 2 Minuten anschwitzen.
5. Tomaten in die Pfanne geben, ggf. etwas andrücken und auf niedriger bis mittlerer Hitze abgedeckt ca. 10 Minuten köcheln lassen.
6. In der Zeit die Pasta al dente kochen.
7. Sahne und Basilikum in die Sauce einrühren und mit Pfeffer und Salz abschmecken.
8. Pasta ebenfalls hineingeben, gut vermischen und 1–2 Minuten ziehen lassen. Ggf. 1 Kelle Pastawasser hinzufügen, wenn die Sauce zu dick geworden ist.

3 Port.

Rigatoni ALLA GRICIA

Ein traditionelles Rezept aus dem Latium. Geht auch super mit Spaghetti – ich esse es aber lieber mit Rigatoni. Es gilt als die Vorstufe der Carbonara, hat aber seinen eigenen besonderen Charme.

ZUTATEN

350 g Rigatoni
200 g Guanciale
Salz
80 g Pecorino Romano
1–2 Kellen Pastawasser
frisch gemahlener Pfeffer

ZUBEREITUNG

1. Nudelwasser aufsetzen und salzen.
2. Ggf. den Guanciale von der Schwarte befreien und in ca. 0,5–1 cm dicke Streifen schneiden. Pecorino Romano reiben.
3. Guanciale in einer Pfanne auf mittlerer bis hoher Hitze ca. 8 Minuten anbraten, sodass das Fett austritt. Immer wieder bewegen, sodass er von allen Seiten goldbraun wird. Dann Guanciale aus der Pfanne nehmen, das Fett aber drin behalten. Temperatur auf ganz niedrig reduzieren.
4. Währenddessen Rigatoni ins Kochwasser geben und 1 Minute weniger kochen als angegeben.
5. 1 Kelle Pastawasser zum Fett geben, gut vermischen, dann die Rigatoni dazu und unter ständigem Rühren al dente zu Ende garen.
6. Wenn die Rigatoni al dente sind, die Pfanne vom Herd nehmen und geriebenen Pecorino einstreuen. Ggf. noch etwas heißes Pastawasser dazu geben, schnell umrühren – so entsteht eine cremige Sauce. Guanciale wieder hinzugeben und mit Pfeffer abschmecken. Servieren.

3 Port.

Penne
ALLA 'NDUJA

Ein Rezept mit dem Ursprung vermutlich in Kalabrien. Für alle Pasta-Liebhaber, die es gerne etwas schärfer mögen!

ZUTATEN

350 g Penne (authentischer mit Fileja)
50 g 'Nduja (scharfe, italienische Streichwurst)
Salz
1 rote Zwiebel
2 EL Olivenöl
1 Dose gehackte Tomaten (400 g Füllgewicht)
10 Basilikumblätter
40 g Parmesan
Pfeffer nach Bedarf
1 Kelle Pastawasser

ZUBEREITUNG

1. Nudelwasser aufsetzen und salzen.
2. Zwiebeln schälen und in feine Würfel schneiden.
3. Eine Pfanne auf mittlerer Hitze erhitzen. Olivenöl in die Pfanne geben und darin Zwiebel und das Innere der 'Nduja 3–4 Minuten anschwitzen.
4. Währenddessen die Pasta kochen.
5. Gehackte Tomaten in die Pfanne geben, einrühren, aufkochen und köcheln lassen, bis deine Pasta al dente ist.
6. Pasta in die Sauce geben. Frischen Basilikum und Parmesan unterheben. Mit Salz und Pfeffer abschmecken und servieren. Wenn die Sauce zu dick ist, eine Kelle Nudelwasser einrühren.

3 Port.

Orecchiette AL GORGONZOLA

Eines der liebsten Gerichte meiner besseren Hälfte. Herrlich cremig und einfach nur lecker! Wenn du bisher kein Gorgonzola-Fan bist, hiermit wirst du es bestimmt!

ZUTATEN

300 g Orecchiette
300 g Brokkoli
1 EL gehackte Mandeln
Salz
150 ml Milch
150 g Kochsahne
150 g Gorgonzola dolce (der Weiche/Cremige)
½ TL frisch gemahlener Pfeffer
1 TL gehackte Petersilie
Pastawasser (nach Belieben)
Parmesan (nach Belieben)

ZUBEREITUNG

1. Nudelwasser aufsetzen und salzen.
2. Mandeln in einer Pfanne ohne Öl goldbraun anrösten. Brokkoli in kleine Röschen teilen.
3. In einer Pfanne Milch und Sahne auf mittlerer Stufe erhitzen. Gorgonzola hinzugeben und langsam schmelzen lassen. Es soll, wenn überhaupt, nur leicht köcheln!
4. Währenddessen Pasta und Brokkoli im selben Topf kochen.
5. Sobald der Käse geschmolzen ist, die Sauce auf niedriger Stufe weiter köcheln lassen. Pfeffer und Petersilie einrühren. Brokkoli nach 3–4 Minuten kochen, aus dem Topf herausschöpfen und in die Sauce geben.
6. Wenn die Pasta al dente ist, diese auch in die Sauce geben und 2–3 Minuten unter Rühren ziehen lassen. (Wenn die Sauce später zu dick wird, mit etwas Pastawasser cremig rühren.)
7. Ggf. mit Salz abschmecken und die Mandeln kurz vorm Servieren darüber geben. Optional mit Parmesan verfeinern.

3 Port.

Pasta ALLA BURINA

Nudeln nach Art des Bauerntölpels. Hier wurde verwertet, was da war. Daher gibt es durchaus unterschiedliche Varianten. Hier ist meine, und sie ist absolut lecker!

ZUTATEN

350 g Penne
Salz
1 Schalotte
1 Salsiccia (ca. 60–80 g)
1 Möhre
2 EL Olivenöl
1 Knoblauchzehe
50 g Pecorino Romano
1 EL frische Petersilie
100 ml Weißwein
1 Dose stückige Tomaten (400 g Füllgewicht)
100 g TK-Erbsen
frisch gemahlener Pfeffer
1 Kelle Nudelwasser

ZUBEREITUNG

1. Nudelwasser aufsetzen und salzen.
2. Eine Pfanne auf mittlerer Stufe erhitzen. Währenddessen Schalotte schälen und in feine Würfel schneiden. Salsiccia aus der Pelle holen und fein hacken. Möhre schälen und in feine Würfel schneiden.
3. Olivenöl in der Pfanne heiß werden lassen. Nun Salsiccia, Möhre und Schalotte gemeinsam darin 5 Minuten anbraten.
4. Währenddessen Knoblauch schälen und in feine Stücke hacken. Pecorino reiben und Petersilie waschen, trocken schütteln und hacken.
5. Knoblauch hinzugeben und nach 1 weiteren Minute mit Weißwein ablöschen. Wenn der Wein verkocht ist, Tomaten hinzugeben und aufkochen lassen.
6. Nun die Pasta kochen.
7. TK-Erbsen in die Sauce einrühren und solange auf niedriger Stufe köcheln lassen, bis deine Pasta al dente ist.
8. Sauce etwas mit Salz und Pfeffer abschmecken.
9. Wenn die Pasta al dente ist, diese in die Sauce geben, Petersilie und geriebenen Pecorino dazugeben, gut vermischen und 1–2 Minuten ziehen lassen. Wenn die Sauce später zu dick wird, mit etwas Pastawasser cremig rühren.

3 Port.

Penne boscaiola

NACH HOLZFÄLLER ART

Pilzfreunde aufgepasst, dieses leckere Gericht aus Norditalien ist für euch. Auch lecker mit Farfalle oder Fusilli. Die Kombination aus dem Speck, Pilzen und Kräutern macht es zu etwas besonderem!

ZUTATEN

300 g Penne
400 g Steinpilze oder Champignons
150 g Pancetta (alternativ Bacon)
1 rote Zwiebel
1 EL Olivenöl
Salz
400 g passierte Tomaten
70–100 g Kochsahne
½ TL getrockneter Thymian
frisch gemahlener Pfeffer
1 TL frische Petersilie
1 Kelle Pastawasser (nach Bedarf)

ZUBEREITUNG

1. Nudelwasser aufsetzen und salzen.
2. Währenddessen Pilze gründlich putzen und in 0,5 cm dicke Scheiben schneiden. Pancetta in Streifen schneiden. Zwiebel schälen, halbieren und in feine Halbringe schneiden.
3. Eine Pfanne auf mittlerer bis hoher Stufe erhitzen und Pancetta scharf anbraten, sodass er knusprig wird, und das Fett austritt. Aus der Pfanne rausnehmen, das Fett aber darin behalten. 1 EL Olivenöl zum Fett geben und darin Zwiebeln sowie Pilze 6–7 Minuten anbraten.
4. Pasta nun ins Kochwasser geben.
5. Passierte Tomaten in die Pfanne geben, gut umrühren und aufkochen lassen. Ca. 5 Minuten köcheln lassen. Pancetta, Sahne, Thymian einrühren und mit Salz und Pfeffer abschmecken.
6. Al dente gekochte Pasta und Petersilie dazu und gut miteinander vermischen. Wenn die Sauce später zu dick wird, mit etwas Pastawasser cremig rühren.

3 Port.

Pasta
E PISELLI

Super simpel aber dennoch immer wieder lecker. Wer sagt, One-Pot-Rezepte sind nicht italienisch, kennt diese Pasta hier noch nicht! Einfach und lecker!

ZUTATEN

300 g Ditalini Rigati (alternativ andere Suppennudeln)
3 Frühlingszwiebeln
100 g Pancetta oder gekochter Schinken
3 EL Olivenöl
3–4 Blätter Minze
600 g TK-Erbsen
30 g Pecorino Romano
Salz
frisch gemahlener Pfeffer

ZUBEREITUNG

1. 1 l Wasser in einem Topf oder in einem Wasserkocher aufkochen.
2. Währenddessen Frühlingszwiebeln putzen, waschen und in feine Ringe schneiden. Pancetta von der Schwarte befreien und in feine Würfel schneiden.
3. In einem weiteren Topf Olivenöl auf mittlerer Stufe erhitzen und darin Frühlingszwiebeln sowie Pancetta unter Rühren 2–3 Minuten anbraten. Minzblätter waschen, trocken tupfen, zusammen mit den Erbsen einrühren und weitere 2 Minuten unter Wenden anbraten.
4. Nun ca. 600 ml von dem heißen Wasser hinzugeben, die Erbsen müssen mindestens bedeckt sein. Einmal aufkochen lassen, dann die Nudeln dazugeben und je nach Packungsanweisung entsprechend lange kochen lassen. Ab und zu umrühren und ggf. heißes Wasser nachlegen. Es sollte cremig sein, weder trocken noch flüssig.
5. Währenddessen Pecorino reiben.
6. Wenn die Pasta al dente ist, Olivenöl und Pecorino hinzugeben, gut unterheben und mit Salz und Pfeffer abschmecken.

2 Port.

Pasta all' ARRABBIATA

Absoluter Klassiker der italienischen Küche und eines der wenigen veganen Rezepte, da es ohne Käse auskommt. Die Qualität der Tomaten und des Olivenöls machen hier den Unterschied. Wer es gerne sehr scharf mag, gibt einfach mehr Chili dazu!

ZUTATEN

300 g Pasta der Wahl (z. B. Fusilli oder Penne)
Salz
4 EL Olivenöl
1 Knoblauchzehe
1 kleine rote Chili
1 Dose San-Marzano-Tomaten (400 g Füllgewicht)
4 Stängel Petersilie
1–2 Kellen Pastawasser
frisch gemahlener Pfeffer

ZUBEREITUNG

1. Nudelwasser aufsetzen, salzen und zum Kochen bringen.
2. Währenddessen Olivenöl in einer Pfanne auf mittlerer Stufe erhitzen. Knoblauch schälen, Chili putzen und beides in feine Scheiben schneiden. Gemeinsam 1–2 Minuten anschwitzen.
3. Nun Pasta ins kochende Wasser geben.
4. Tomaten in die Pfanne geben, leicht andrücken, ggf. vorher den Strunk entfernen. Abgedeckt so lange köcheln lassen, bis die Pasta al dente ist.
5. In der Zeit Petersilie waschen, trocken schütteln, abzupfen und fein hacken.
6. Pasta mit einer Schaumkelle direkt in die Sauce geben, 1 Kelle Pastawasser und die Petersilie ebenfalls hinzufügen und alles gut miteinander vermischen. 1–2 Minuten ziehen lassen.
7. Mit Salz und Pfeffer abschmecken und servieren.

3 Port.

Pasta E FAGIOLI

Nudeln mit Bohnen klingen langweilig? Das ist es absolut nicht! Superlecker und intensiv im Geschmack. Ich habe sie sogar schon als Kind geliebt!

ZUTATEN

200 g Ditalini Rigati (alternativ andere Suppennudeln)
1 Stange Staudensellerie
1 Möhre
1 rote Zwiebel
2 EL Olivenöl
50 g Tomatenmark
250 g Riesenbohnen (Dose)
frisch gemahlener Pfeffer
Salz

ZUBEREITUNG

1. Sellerie waschen, putzen und in feine Scheiben schneiden. Möhre putzen und in feine Würfel schneiden. Zwiebel schälen und ebenfalls in feine Würfel schneiden.
2. In einem Topf das Olivenöl erhitzen und Sellerie, Zwiebeln und Möhren darin auf mittlerer Stufe 3–5 Minuten anbraten. Tomatenmark hinzugeben und ca. 2 Minuten weiterbraten.
3. Bohnen abgießen und in den Topf geben. 500 ml Wasser hinzufügen, gut umrühren und aufkochen lassen. 5 Minuten köcheln lassen. Mit etwas Salz und Pfeffer abschmecken.
4. Nach Belieben einen Teil des Gemüses mit einem Stampfer oder leicht mit einem Stabmixer zerkleinern, wieder dazugeben. Aufkochen lassen, Pasta dazugeben und auf niedriger Stufe köcheln lassen, bis sie al dente ist.

La Bottega d'Arte di Croci Sisinni ... è
"Graffi e Colori"
su Pietra
OSTUNI
SULLA
PIETRA

One-Pot-
REZEPTE

One-Pot – das heißt wenig Aufwand, wenig Zeit und auch wenig Abwasch. Perfekt, wenn es mal richtig schnell gehen muss. Dass es dann auch richtig lecker sein kann, zeige ich dir mit diesen Rezepten!

One-Pot-Pasta

TOMATE-MOZZARELLA

2 Port.

Eines meiner beliebtesten One-Pot-Rezepte – kein Wunder, die Kombination aus Tomate und Mozzarella ist einfach lecker! Perfekt für die Tage, an denen alles richtig schnell gehen muss!

ZUTATEN

250 g Pasta (z. B. Conchiglie)
400 ml Gemüsebrühe
250 ml Kochsahne
500 g passierte Tomaten
1–2 TL Salz
½ TL Zucker
½ TL Knoblauchgranulat
1 TL italienische Kräuter
Pfeffer (nach Belieben)
200 g Kirschtomaten
1–2 Kugeln Mozzarella (à 125 g)
1 Handvoll Basilikumblätter

ZUBEREITUNG

1. In einem großen Topf Gemüsebrühe, Kochsahne, passierte Tomaten und Gewürzen aufkochen.
2. Pasta einrühren, Deckel darauflegen und auf niedriger bis mittlerer Hitze so lange köcheln lassen, wie auf der Packung angegeben. 1–2 Mal umrühren in der Zeit.
3. Währenddessen Kirschtomaten waschen und halbieren, Mozzarella klein schneiden und Basilikumblätter abzupfen und die größeren Blätter etwas zerkleinern.
4. Nach der Kochzeit einmal die Pasta testen, ob sie al dente ist, dann Tomaten, Basilikum und Mozzarella hinzufügen und umrühren. Weitere 2–3 Minuten ziehen lassen und nochmals abschmecken.

3 Port.

One-Pot-Pasta

MIT KRÄUTERFRISCHKÄSE

Du hast keine Lust großartig den Kochlöffel zu schwingen? Dann ist dieses Gericht das Richtige für dich! Würzig frisch und immer wieder gern bei uns auf dem Tisch.

ZUTATEN

300 g Gemelli
800 ml Gemüsebrühe
300 g–400 g TK-Brokkoli
1 Knoblauchzehe (nach Belieben)
250 g Kirschtomaten
150 g Kräuterfrischkäse
½ TL italienische Kräuter
½ TL Pfeffer
½ TL Salz (mehr nach Bedarf)
Frühlingszwiebel als Topping (nach Belieben)

ZUBEREITUNG

1. Gemüsebrühe aufkochen und Pasta hinzugeben.
2. TK-Brokkoli (ggf. etwas zerkleinern) und, nach Belieben, gepressten Knoblauch hinzugeben, Deckel auflegen, Hitze reduzieren und weiter köcheln lassen, bis die Pasta al dente ist, das dauert ca. 10 Minuten.
3. Währenddessen Kirschtomaten waschen und halbieren.
4. Wenn die Pasta al dente ist, Frischkäse und Kirschtomaten unterheben, mit Kräutern, Salz und Pfeffer würzen. Alles 2–3 Minuten ziehen lassen, dann den Topf vom Herd ziehen.
5. Nach Belieben mit Salz und Pfeffer abschmecken und mit Frühlingszwiebelringen toppen.

2 Port.

One-Pot-Pasta

MIT CURRY-FRISCHKÄSE UND BLUMENKOHL

Die Kombination aus Blumenkohl und Curry ist einfach lecker. Probier's mal aus, das ist eins meiner liebsten One-Pot-Rezepte!

ZUTATEN

250 g Pasta (z. B. Gemelli)
50 g Pancetta oder Schinkenspeck
1 Zwiebel
1 Knoblauchzehe
400 g Blumenkohl
850 ml Gemüsebrühe
½ TL Currypulver
200 g Kirschtomaten
150 g Curry-Frischkäse (z. B. Miree)
schwarzer Pfeffer
Salz
1 TL Schwarzkümmel (nach Belieben)

ZUBEREITUNG

1. Pancetta würfeln. Zwiebel und Knoblauch schälen und klein schneiden.
2. Pancetta in einem Topf bei mittlerer Hitze anbraten, bis das Fett austritt. Dann Zwiebeln und Knoblauch hinzufügen und ca. 2 Minuten unter Rühren braten.
3. Blumenkohl waschen, in kleine Stücke zerteilen, hinzugeben und mit Gemüsebrühe aufgießen.
4. Aufkochen lassen und dann die Pasta und Currypulver hinzugeben. Umrühren und abgedeckt so lange köcheln, bis die Pasta al dente ist (Je nach Sorte 10–15 Minuten.).
5. Tomaten waschen, halbieren und gemeinsam mit Frischkäse einrühren. Mit Salz, Pfeffer und ggf. etwas Schwarzkümmel abschmecken. 2 Minuten ziehen lassen.

3 Port.

Schnelle TOMATENSUPPE

Die geht einfach immer. Ich mache meine Tomatensuppe immer mit San-Marzano-Tomaten – sie sind einfach aromatischer. Probier's mal aus! Dazu ein Stückchen Brot und ab gehts!

ZUTATEN

1 rote Zwiebel
2 Knoblauchzehen
2 EL Olivenöl
1 TL Zucker
1 TL Tomatenmark
2 Dosen San-Marzano-Tomaten (je 400 g Füllgewicht)
400 ml Gemüsebrühe
10 Basilikumblätter
½ TL getrockneter Oregano
Salz
schwarzer Pfeffer
Ciabatta oder Sauerteigbrot zum Servieren

ZUBEREITUNG

1. Zwiebel und Knoblauch schälen und in feine Würfel schneiden. In einem Topf das Olivenöl auf mittlere Stufe erhitzen.
2. Zwiebeln für 2 Minuten darin anschwitzen, dann Knoblauch hinzu und 2 weitere Minuten anbraten. Zucker und Tomatenmark hinzugeben und 2 weitere Minuten anschwitzen.
3. Mit Tomaten und Gemüsebrühe ablöschen, aufkochen und auf mittlerer Stufe 15 Minuten köcheln lassen. Dann mit einem Stabmixer pürieren.
4. Basilikum und Oregano hinzugeben und nach Belieben mit Salz und Pfeffer abschmecken. Mit Ciabatta servieren.

3 Port.

One-Pot-Pasta

MIT ERBSEN UND MÖHREN

Das ist ein Gericht für Groß und Klein. Schnell, einfach und richtig lecker. Unsere große Kurze liebt es!

ZUTATEN

200 g Pasta (z. B. Ditalini)
150 ml Milch
100 g Kochsahne
450 ml Gemüsebrühe
200 g Möhren
1 TL Salz
½ TL frisch gemahlener Pfeffer
¼ TL geriebene Muskatnuss
¼ TL Knoblauchgranulat
200 g TK-Erbsen
60 g Gorgonzola oder Schmelzkäse

ZUBEREITUNG

1. Einen Topf mit der Milch, Kochsahne und Gemüsebrühe erhitzen.
2. In der Zwischenzeit Möhren schälen und in dünne Scheiben schneiden. Dann alles bis auf den Gorgonzola in den Topf geben, umrühren, den Deckel auflegen und köcheln lassen.
3. Nach 10 Minuten einmal prüfen, ob die Pasta al dente ist. Falls nicht, weiter kochen und alle 1–2 Minuten nachsehen.
4. Dann den Käse einrühren und noch 2 Minuten ziehen lassen. Mit Salz und Pfeffer abschmecken.

2 Port.

Steinpilz-RISOTTO

Ein leckeres Rezept für die Pilzsaison. Wenn du keine Steinpilze bekommst, kannst du auch Champignons verwenden! Ein Muss für jeden Pilz-Fan.

ZUTATEN

200 g Risotto-Reis
400–500 g Steinpilze
2 Schalotten
2 Knoblauchzehen
50 g Pecorino Romano
2 EL frische Petersilie
4 EL Olivenöl
100 ml Weißwein (alternativ mehr Brühe)
700 ml Gemüsebrühe (evtl. mehr)
20 g kalte Butter
Salz
frisch gemahlener schwarzer Pfeffer

ZUBEREITUNG

1. Pilze putzen und in kleine Stücke schneiden. Schalotten und Knoblauch schälen und jeweils in feine Würfel schneiden. Pecorino reiben. Petersilie waschen, trocken schütteln, Blättchen abzupfen und hacken.
2. In einem Topf 2 EL Olivenöl bei hoher Hitze erhitzen. Pilze darin 4–5 Minuten scharf anbraten, dann etwa die Hälfte aus dem Topf rausnehmen und beiseitelegen.
3. 1 EL Olivenöl hinzugeben und nun Zwiebeln, Knoblauch und Risotto-Reis dazugeben und 2–3 Minuten auf mittlerer Hitze anschwitzen.
4. Nun mit Weißwein ablöschen und gut verrühren. Alternativ direkt mit der heißen Gemüsebrühe starten. Auf mittlerer Hitze köcheln lassen. Nun immer wieder 100–150 ml Brühe hinzugeben und kräftig umrühren. Ist die Brühe aufgenommen, und fängt der Reis an, am Topf zu kleben, weitere Brühe dazugeben. Wichtig ist, dass du stetig rührst, so wird es schön cremig.
5. Ist die Brühe aufgebraucht, sollte der Reis al dente sein. Ist er zu hart, noch etwas mehr Brühe dazugeben.
6. Kalte Butter und geriebenen Pecorino unterheben. Pilze und Petersilie ebenfalls unterheben und mit frisch gemahlenem Pfeffer und Salz abschmecken.

2 Port.

Kürbis-RISOTTO

Ein herrlich cremiges Risotto mit meinen zwei liebsten Kürbis-Sorten. Einfach gemacht und herrlich lecker! Die Kombination aus Rosmarin und Kürbis ist absolut genial!

ZUTATEN

200 g Risotto-Reis
je 200 g Butternuss- und Hokkaido-Kürbis
1 Zwiebel
1 Knoblauchzehe
2 EL Olivenöl
20 g kalte Butter
100 ml Weißwein (alternativ mehr Brühe)
700 ml Gemüsebrühe
50 g Parmesan
Salz
frisch gemahlener schwarzer Pfeffer
1 TL gemahlener Rosmarin

ZUBEREITUNG

1. Kürbisse waschen, halbieren und entkernen. Den Hokkaido kannst du mit Schale in kleine Stücke schneiden, den Butternuss lieber schälen und ebenfalls klein schneiden.
2. Zwiebel und Knoblauch schälen, in feine Würfel schneiden und zusammen mit dem Kürbis in einem Topf mit Olivenöl anbraten.
3. Nach ca. 3 Minuten den Reis hinzugeben, ebenso wie die Hälfte der Butter. Weitere 2–3 Minuten braten.
4. Dann mit Weißwein oder etwas von der Brühe ablöschen und umrühren. Nun immer wieder 100–150 ml Brühe hinzugeben und umrühren. Ist die Brühe aufgenommen, und fängt der Reis an, am Topf zu kleben, weitere Brühe dazugeben.
5. Nach etwa 20–25 Minuten sollte die Flüssigkeit aufgenommen, und der Reis al dente sein (einfach mal probieren).
6. Den Parmesan reiben und mit der restlichen kalten Butter einrühren. Risotto mit Salz, Pfeffer und Rosmarin abschmecken.

2 Port.

Zucchini-RISOTTO

Es ist Zucchini-Saison? Dann ist dieses Rezept etwas für dich. Herrlich frisch und einfach gemacht. Zucchini gehört bei uns zu den Gemüsesorten, die wir fast immer zuhause haben, weil sie so vielseitig ist!

ZUTATEN

200 g Risotto-Reis
1 kleine Zucchini
3 EL Olivenöl
1 Schalotte
2 Knoblauchzehen
100 ml Weißwein (alternativ mehr Brühe)
700 ml heiße Gemüsebrühe
30 g Parmesan
20 g kalte Butter
10 Basilikumblätter
Salz
frisch gemahlener Pfeffer (nach Belieben)
1 Burrata (nach Belieben)

ZUBEREITUNG

1. 1 EL Olivenöl in einem Topf auf mittlerer Stufe erhitzen.
2. Schalotte und Knoblauch schälen und jeweils in feine Würfel schneiden. Schalotten, Knoblauch und Reis in den Topf geben und 2–3 Minuten auf mittlerer Hitze anschwitzen.
3. Nun mit Weißwein ablöschen und gut verrühren, bis er verdunstet ist. Auf mittlerer Hitze köcheln lassen. Nun immer wieder 100–150 ml Brühe hinzugeben und kräftig umrühren. Ist die Brühe aufgenommen und fängt der Reis langsam an, am Topf zu kleben, weitere Brühe dazugeben. Wichtig ist, dass du viel rührst, so wird es schön cremig.
4. Währenddessen Zucchini waschen, putzen, längs halbieren und in dünne Scheiben schneiden. Parmesan reiben. Wenn noch etwa ein Drittel der Brühe übrig ist, Zucchini zum Risotto geben. Weitermachen, bis die Brühe aufgebraucht ist.
5. Ist die Brühe aufgebraucht, sollte der Reis al dente sein. Ist er zu hart, noch etwas mehr Brühe dazugeben.
6. Butter und geriebenen Parmesan unterheben. Basilikum ebenfalls unterheben und mit frisch gemahlenem Pfeffer und Salz abschmecken. Optional Burrata halbieren und auf den servierten Risotto geben.

2 Port.

Spinat-Risotto MIT RICOTTA

Spinat und Ricotta sind ein Dream Team! Wieso nicht auch in einem Risotto-Rezept? Dies passt einfach unfassbar gut zusammen, kann ich dir sagen, und wird durch den leckeren italienischen Frischkäse besonders cremig.

ZUTATEN

200 g Risotto-Reis (alternativ Milchreis)
2 Schalotten
2 Knoblauchzehen
1 Bio-Zitrone (Saft und Abrieb)
20 g Parmesan
2–3 EL Olivenöl
100 ml Weißwein (alternativ mehr Brühe)
700 ml heiße Gemüsebrühe
100 g Blattspinat
100 g Ricotta
frisch gemahlener schwarzer Pfeffer
Salz

ZUBEREITUNG

1. Schalotten und Knoblauch schälen und jeweils in feine Würfel schneiden. Zitrone heiß waschen, Schale mit einer Reibe fein abreiben und den Saft auspressen. Parmesan reiben.
2. Olivenöl in einem Topf erhitzen. Schalotten, Knoblauch und Risotto-Reis dazugeben und 2–3 Minuten anschwitzen.
3. Nun mit Weißwein ablöschen und gut verrühren. Alternativ direkt mit der heißen Gemüsebrühe starten.
4. Auf mittlerer Hitze köcheln lassen. Nun immer wieder 100–150 ml Brühe hinzugeben und kräftig umrühren. Ist die Brühe aufgenommen, und fängt der Reis langsam an, am Topf zu kleben, weitere Brühe dazugeben.
5. Währenddessen Spinat waschen und ganz fein hacken oder mit einem Mixer/Stabmixer mixen. Wenn noch etwa ein Drittel der Brühe übrig ist, Spinat zum Risotto geben.
6. Ist die Brühe aufgebraucht, sollte der Reis al dente sein. Ist er zu hart, noch etwas mehr Brühe dazugeben.
7. Ricotta, 1 TL Zitronenabrieb und geriebenen Parmesan unterheben. Mit Pfeffer, Salz und Zitronensaft verfeinern.

2 Port.

Tomaten-Mozzarella-RISOTTO

Was als One-Pot-Pasta funktioniert, geht auch als Risotto wunderbar. Ein Muss für jeden Tomate-Mozzarella-Fan. Die getrockneten Tomaten verleihen dem Ganzen ordentlich Wumms!

ZUTATEN

200 g Risotto-Reis (alternativ Milchreis)
1 rote Zwiebel
2 Knoblauchzehen
5 getrocknete Tomaten
2 EL Olivenöl
200 g passierte Tomaten
500 ml heiße Gemüsebrühe
1 Kugel Mozzarella (125 g Abtropfgewicht)
20 g Butter
10 Basilikumblätter
frisch gemahlener schwarzer Pfeffer
Salz
Zucker
½ TL getrockneter Oregano

ZUBEREITUNG

1. Zwiebel und Knoblauch schälen und jeweils in feine Würfel schneiden. Getrocknete Tomaten in feine Streifen schneiden.
2. Olivenöl in einem Topf erhitzen. Zwiebeln, Knoblauch, getrocknete Tomaten und Risotto-Reis dazugeben und 2–3 Minuten gemeinsam anschwitzen.
3. Nun mit passierten Tomaten ablöschen und gut verrühren. 1–2 Minuten köcheln lassen.
4. Auf mittlerer Hitze köcheln lassen. Nun immer wieder 100–150 ml Brühe hinzugeben und kräftig umrühren. Ist die Brühe aufgenommen, und fängt der Reis langsam an, am Topf zu kleben, weitere Brühe dazugeben. Wichtig ist, dass du viel rührst, so wird es schön cremig.
5. Währenddessen Mozzarella in kleine Würfel schneiden.
6. Ist die Brühe aufgebraucht, sollte der Reis al dente sein. Ist er zu hart, noch etwas mehr Brühe dazugeben.
7. Butter, Basilikum und Mozzarella unterheben. Mit Pfeffer, Salz und 1 Prise Zucker und Oregano abschmecken.

2 Port.

One-Pot-
ORZO

Du kennst Orzo bisher nur aus Nudelsalaten oder Suppen? Diese kleinen reisförmigen Nudeln funktionieren auch wunderbar als One-Pot-Rezept!

ZUTATEN

250 g Orzo
2 Schalotten
3 Knoblauchzehen
1 Bio-Zitrone
20 g Parmesan
2 EL Olivenöl
100 ml Weißwein (alternativ mehr Brühe)
700 ml heiße Gemüsebrühe
100 g Blattspinat
100 g Ricotta
Salz, frisch gemahlener Pfeffer

ZUBEREITUNG

1. Schalotten und Knoblauch schälen und jeweils in feine Würfel schneiden. Zitrone heiß waschen, Schale mit einer Reibe fein abreiben und den Saft auspressen. Parmesan reiben.
2. Olivenöl in einem Topf erhitzen. Schalotten, Knoblauch und Nudeln dazugeben und 2–3 Minuten gemeinsam anschwitzen.
3. Nun mit Weißwein ablöschen und gut verrühren. Alternativ direkt mit der heißen Gemüsebrühe starten.
4. Auf mittlerer Hitze köcheln lassen. Nun immer wieder 100–150 ml Brühe hinzugeben und kräftig umrühren. Ist die Brühe aufgenommen, und fängt der Reis langsam an, am Topf zu kleben, weitere Brühe dazugeben. Wichtig ist, dass du viel rührst, so wird es schön cremig.
5. Währenddessen Spinat waschen und grob hacken. Spinat zum Risotto geben, wenn noch etwa ein Drittel der Brühe übrig ist.
6. Ist die Brühe aufgebraucht, sollten die Nudeln al dente sein. Sind sie noch zu hart, noch etwas mehr Brühe dazugeben.
7. Ricotta, 1 TL Zitronenabrieb und geriebenen Parmesan unterheben. Mit frisch gemahlenem Pfeffer und Salz und Zitronensaft verfeinern.

Ofen-
REZEPTE

Ofenrezepte sind im Alltag super praktisch, denn während der Ofen die Arbeit erledigt, kannst du dich um andere Dinge kümmern oder einfach ein bisschen entspannen. Mein liebstes Ofenrezept: Schupfnudeln aus dem Ofen - die gibts bei uns regelmäßig!

3 Port.

Rigatoni AL FORNO

Ein Klassiker, der auf fast jeder Karte italienischer Restaurants zu finden ist. Mein Rezept schmeckt Groß und Klein und wird immer wieder gerne serviert! Besonders die Kombination aus Mozzarella und Pecorino ist hier für mich der Gamechanger!

ZUTATEN

350 g Rigatoni
1 Zwiebel
1 Knoblauchzehe
3 EL Olivenöl
500 g gemischtes Hackfleisch
je 1 TL Salz und Pfeffer
edelsüßes Paprikapulver (nach Geschmack)
700 g passierte Tomaten
100 g Kochsahne
250 g TK-Erbsen
1 EL Petersilie
40 g Pecorino Romano
1 Kugel Mozzarella (125 g Abtropfgewicht)

ZUBEREITUNG

1. Pastawasser aufsetzen und den Backofen auf 220 °C (Ober-/Unterhitze) vorheizen.
2. Sobald das Wasser kocht, Rigatoni ins Kochwasser geben und 2–3 Minuten kürzer als angegeben kochen (den Rest regelt der Ofen).
3. Währenddessen Zwiebel und Knoblauch schälen und beides in feine Würfel schneiden.
4. Olivenöl in einer ofenfesten Pfanne erhitzen und Zwiebeln und Knoblauch anschwitzen, nach 1–2 Minuten das Hack hinzugeben und scharf anbraten. Gewürze in die Pfanne geben und gut vermischen.
5. Mit passierten Tomaten und Kochsahne aufgießen, Erbsen hinzugeben und köcheln lassen. Sauce nochmal abschmecken. Petersilie und die Rigatoni einrühren. Pecorino drüber reiben, Mozzarella in Scheiben schneiden und Pfanneninhalt damit belegen.
6. Die Form in den heißen Ofen geben (Mitte) und 10–15 Minuten überbacken.

2 Port.

Ofen-HÄHNCHEN

Nicht lang schnacken, Hähnchen backen! Superschnelles Feierabendrezept, ideal zu Pasta oder Reis! Eines der beliebtesten Rezepte auf meinem Instagram-Kanal und dem Blog!

ZUTATEN

2 Hähnchenbrüste (je 150–200 g)
250 g leichte Sahne
1 EL Tomatenmark
1–2 Knoblauchzehen
je ½ TL Salz und Pfeffer
1 TL italienische Kräuter
½ TL edelsüßes Paprikapulver
1 Handvoll Basilikumblätter
300 g Brokkoli
100 g Kirschtomaten
20 g Parmesan

Als Beilage empfehle ich Basmatireis oder Pasta (80–100 g roh pro Portion)

ZUBEREITUNG

1. Den Backofen auf 180 °C (Umluft) vorheizen und Reis im Reiskocher anstellen oder Pastawasser aufsetzen.
2. In einer Auflaufform Sahne, Tomatenmark, gepressten oder gehackten Knoblauch, Gewürze und Basilikum vermischen.
3. Brokkoli und Kirschtomaten waschen, putzen und evtl. klein schneiden. Dann hinzugeben.
4. Hähnchenbrust trocken tupfen – wer mag, Hähnchen mit etwas Olivenöl, Salz, Pfeffer und Paprika einreiben – und in die Mitte der Form legen. Alles mit geriebenen Parmesan bestreuen und 20–25 Minuten im heißen Ofen (Mitte) backen.
5. Mit Pasta oder Reis servieren.

2 Port.

Cremiger OFENLACHS

Du bist eher so der Fisch-Fan? Dann ist das Rezept etwas für dich. Einfach gemacht und immer wieder lecker! Alles in eine Form, und der Ofen regelt den Rest. Superpraktisch!

ZUTATEN

2 Lachsfilet (je 100–150 g)
400 g Brokkoli (alternativ TK)
1–2 Knoblauchzehen
250 g Sahne
1 EL Tomatenmark
je ½ TL Salz und Pfeffer
1 TL italienische Kräuter
½ TL edelsüßes Paprikapulver
20 g Parmesan

Als Beilage empfehle ich Basmatireis (80–100 g roh pro Portion)

ZUBEREITUNG

1. Den Backofen auf 180 °C (Umluft) vorheizen und Reis im Reiskocher aufsetzen.
2. Brokkoli waschen, in Röschen teilen. Knoblauch schälen und pressen. Lachs trochen tupfen.
3. In einer Auflaufform Sahne, Tomatenmark, Knoblauch und Gewürze vermischen.
4. Brokkoliröschen hinzugeben. Lachsfilets in die Mitte der Form legen, evtl. Brokkoli zur Seite schieben. Alles mit geriebenem Parmesan bestreuen.
5. Die Auflaufform in den heißen Ofen (Mitte) geben und ca. 20 Minuten backen, bis der Lachs gar ist. Mit Reis servieren.

3 Port.

Überbackenes KÄSEHÄHNCHEN

Eines der beliebtesten Rezepte auf meinen Kanälen. Verständlich, denn Käse macht alles besser, oder? Hier verwende ich auch wieder Gorgonzola, da er einfach den perfekten Geschmack für Käsesaucen mit sich bringt.

ZUTATEN

400 g Basmatireis
1 EL Butter
1 EL Mehl
250 g Kochsahne
250 ml Gemüsebrühe
100 g Gorgonzola (alternativ Schmelzkäse)
Salz und Pfeffer
½ TL frisch geriebene Muskatnuss
1 TL getrockneter Oregano
1 EL getrockneter Thymian
1–2 EL Pflanzenöl
4 Hähnchenbrüste (je 150 g)
edelsüßes Paprikapulver
250 g Kirschtomaten
1 Zucchini
100 g Reibekäse (nach Wahl)

ZUBEREITUNG

1. Den Backofen auf 200 °C (Umluft) vorheizen. Basmatireis im Reiskocher garen.
2. In einem kleinen Topf Butter schmelzen, Mehl hinzugeben und mit einem Schneebesen vermengen. Nach und nach Kochsahne und Gemüsebrühe hinzugeben, Sauce immer wieder aufkochen lassen.
3. Gorgonzola klein würfeln und mit je 1 TL Pfeffer und Salz, ½ TL Muskat, Oregano und Thymian in die Sauce geben.
4. In einer Pfanne Öl erhitzen und darin die Hähnchenbrustfilets von jeder Seite 2 Minuten anbraten, mit Salz, Pfeffer und Paprika würzen.
5. Kirschtomaten und Zucchini waschen, Zucchini kleinwürfeln.
6. Hähnchen, Tomaten und Zucchini in eine Auflaufform geben, Sauce drüber verteilen und mit Käse bestreuen. Im heißen Ofen ca. 15 Minuten überbacken. Mit Basmati servieren.

2 Port.

Burrata-
PASTA

Das am meist viral gegangene Rezept auf meinem Account. Meine Antwort auf die damals virale Feta-Pasta, und sie ist einfach superlecker. Noch nicht ausprobiert?

ZUTATEN

250 g Spaghetti
2 Burrata (je 150 g Abtropfgewicht)
400 g Kirschtomaten
1 Zucchini
1–2 Knoblauchzehen
4 EL Olivenöl
½ TL Salz
½ TL Pfeffer
1 TL italienische Kräuter
ein paar Basilikumblätter
1–2 Kellen Pastawasser (nach Belieben)

ZUBEREITUNG

1. Den Backofen auf 230 °C (Ober-/Unterhitze) vorheizen, Pastawasser aufsetzen. Burrata aus dem Kühlschrank nehmen, damit sie Raumtemperatur annimmt.
2. Kirschtomaten und Zucchini waschen und putzen. Tomaten halbieren, Zucchini würfeln.
3. Beides in eine Ofenform geben, Knoblauchzehe gehackt oder gepresst hinzugeben. Mit Olivenöl übergießen, Gewürze dazugeben und alles gut vermischen. Im heißen Ofen ca. 20 Minuten backen.
4. Währenddessen deine Pasta kochen. Am besten so, dass sie gleichzeitig mit dem Gemüse fertig ist.
5. Form aus dem Ofen nehmen, Burrata hinzugeben und kurz vermischen. Pasta nun hinein, ebenso Basilikum und gut verrühren. Optional etwas Pastawasser dazugeben für ein noch cremigeres Erlebnis.

2-3 Port.

Feta-PASTA

Meine Variante des Trend-Rezepts. Was vielen Rezepten fehlt, ist das Pastawasser. Denn nur so wird es so richtig cremig. Ein echter Klassiker bei uns zuhause, weil man dieses Rezept gut vorbereiten kann, und es absolut gelingsicher ist!

ZUTATEN

250 g Orecchiette
400 g Kirschtomaten
1 rote Zwiebel
1–2 Knoblauchzehen
250 g TK-Erbsen
4 EL Olivenöl
1 Feta (geht auch mit der Light-Variante)
1 EL Schafskäsegewürz (alternativ 1 TL Paprikapulver, ½ TL Pfeffer und Salz, 1 TL italienische Kräuter)
1–2 Kellen Pastawasser
ein paar Basilikumblätter
Salz
frisch gemahlener schwarzer Pfeffer (nach Belieben)

ZUBEREITUNG

1. Ofen auf 230 °C (Umluft) vorheizen, Pastawasser aufsetzen.
2. Kirschtomaten waschen und halbieren; Zwiebel schälen, halbieren und in Streifen schneiden.
3. In eine Ofenform geben, Knoblauchzehe gehackt oder gepresst hinzugeben, ebenso die TK-Erbsen. Mit Olivenöl übergießen und alles gut vermischen.
4. Feta in der Mitte platzieren, Gewürz darauf verteilen und ca. 20 Minuten im heißen Ofen backen.
5. Währenddessen deine Pasta kochen. Am besten so, dass sie gleichzeitig mit dem Feta fertig ist. Unbedingt kurz vor Ende der Kochzeit Nudelwasser auffangen.
6. Form aus dem Ofen nehmen, alles mit einer Gabel vermischen, jetzt schon 1 Kelle Pastawasser hinzugeben und cremig rühren.
7. Die fertige Pasta nun auch hineingeben, ebenso Basilikum und gut verrühren. Optional noch etwas mehr Pastawasser dazu für ein noch cremigeres Erlebnis.

STAUB

3 Port.

Tortelloni-AUFLAUF

Ein Rezept für die ganze Familie, das immer wieder gerne gegessen wird bei uns! Habe ich schon erwähnt, dass ich die Kombination aus Mozzarella und Pecorino zum Überbacken liebe?

ZUTATEN

500 g Tortelloni (Kühlregal)
2 EL Olivenöl
1 Zwiebel
1 Knoblauchzehe
1 TL Zucker
100 g Prosciutto cotto (alternativ Kochschinken)
500 g passierte Tomaten
1 Handvoll frische Basilikumblätter
2 TL italienische Kräuter
je 1 TL Salz, frisch gemahlener Pfeffer (ggf. mehr nach Belieben)
200–250 g Kochsahne
1 Packung Mini-Mozzarella-Kugeln (125 g Abtropfgewicht)
30 g geriebener Pecorino Romano

ZUBEREITUNG

1. Zwiebel schälen und in feine Würfel schneiden, Knoblauch schälen und entweder in feine Würfel schneiden oder pressen. Pecorino reiben und Basilikum abzupfen. Schinken in Streifen schneiden.
2. Olivenöl in eine ofenfeste Pfanne geben und Zwiebeln sowie Schinken darin anschwitzen. Den Ofen auf 200 °C (Umluft) vorheizen.
3. Nach 1–2 Minuten den Knoblauch ebenfalls hinzufügen. Nach weiteren 1–2 Minuten Zucker darüberstreuen und vermischen. So karamellisiert das Ganze und wirkt der Säure der Tomaten entgegen.
4. Nach erneuten 1–2 Minuten mit passierten Tomaten ablöschen. Basilikum, Gewürze und Kochsahne hinzugeben, einrühren und aufkochen lassen. Probiere mal die Sauce und schmecke hier schon einmal ab.
5. Die Tortelloni in die Sauce einrühren und sofort mit Mozzarella und Pecorino toppen. Im heißen Ofen für ca. 15 Minuten überbacken.

2 Port.

Schupfnudeln AUS DEM OFEN

Das ist eines der Rezepte, welches wir zuhause am häufigsten kochen. Supervariabel und ganz schnell vorbereitet und gemacht. Schmeckt auch super mit Rohschinken oder ganz ohne Fleisch.

ZUTATEN

500 g Schupfnudeln (Kühlregal)
150 g Kirschtomaten
2 Frühlingszwiebeln
100 g Salami (am Stück)
1 Knoblauchzehe
½ TL Salz
½ TL frisch gemahlener Pfeffer
1 TL italienische Kräuter
1 EL Olivenöl
150 g Crème fraîche

ZUBEREITUNG

1. Ofen auf 200 °C (Ober-/Unterhitze) vorheizen.
2. Kirschtomaten waschen und halbieren. Frühlingszwiebel waschen, putzen und in Ringe schneiden. Salami in kleine Würfel schneiden.
3. Schupfnudeln, Salami, Kirschtomaten und Frühlingszwiebeln in eine flache Ofen- bzw. Auflaufform geben. Den Knoblauch evtl. schälen und dazupressen.
4. Alle Gewürze sowie Olivenöl hinzugeben und alles gut vermischen. Crème fraîche in die Mitte der Auflaufform geben. Im heißen Ofen (Mitte) 20–25 Minuten backen.
5. Die Form aus dem Ofen nehmen, alles gut miteinander vermischen und servieren.

3 Port.

Mediterranes OFENGEMÜSE

Du hast noch Gemüse im Kühlschrank? Hier zeige ich dir, was wir mit übrig gebliebenem Gemüse am liebsten machen.

ZUTATEN

1 Möhre
1 Zucchini
2 Paprika
1 rote Zwiebel
3 Kartoffeln
3 Knoblauchzehen
5 EL Olivenöl
1 EL getrockneter Rosmarin
je 1 TL getrockneter Oregano und Thymian, edelsüßes Paprikapulver
2 TL Salz
1 TL frisch gemahlener Pfeffer

ZUBEREITUNG

1. Ofen auf 220 °C (Umluft) vorheizen.
2. Währenddessen das Gemüse waschen, putzen und ggf. schälen. Möhre in 0,5 cm dünne Scheiben, Zucchini in Würfel und Zwiebel und Paprika in dünne Streifen schneiden. Kartoffeln in mundgerechte Würfel und Knoblauchzehen in dünne Scheiben schneiden.
3. In einer großen Schüssel das Olivenöl mit Gewürzen und Kräutern vermischen. Dann das Gemüse dazugeben und alles gut vermischen.
4. Gemüse auf ein mit Backpapier ausgelegtes Backblech geben und im heißen Ofen (Mitte) 20–25 Minuten backen, bis es gar ist.

STAUB
STAUB

2 Port.

Ofentomaten MIT CIABATTA

Ein perfektes Gericht für warme Tage oder, wenn es mal etwas leichter sein soll. Perfekt mit leckerer Burrata als Topping – immer wieder ein Genuss! Schmeckt auch genial als Beilage zu Ofenkäse!

ZUTATEN

1 Ciabatta
500 g kleine Rispentomaten
4 EL Olivenöl
2 Knoblauchzehen
1 Zweig Rosmarin
1 TL grobes Meersalz
1 Burrata (nach Belieben)

ZUBEREITUNG

1. Den Ofen auf 180 °C (Umluft) vorheizen.
2. Tomaten waschen, optional von der Rispe abtrennen. Ich mag's für die Optik gerne mit der Rispe.
3. Olivenöl in eine Auflaufform geben. Knoblauchzehen schälen und in grobe Scheiben schneiden, ins Öl legen. Rosmarin waschen und dazulegen. Tomaten nebeneinander in die Auflaufform geben. Mit Meersalz würzen.
4. Auflaufform gemeinsam mit der Ciabatta in den heißen Ofen geben. Brot nach Packungsanweisung backen, dann herausnehmen und abkühlen lassen. Die Tomaten 15–20 Minuten backen.
5. Die Ciabatta in Scheiben schneiden und die Tomaten zum Brot servieren. Super schmeckt es, wenn man etwas von den Tomaten auf die Ciabatta streicht, und das Ganze mit ein bisschen Burrata verfeinert!

Gnocchi-AUFLAUF

Hast du schonmal überbackene Gnocchi gegessen? Falls nicht, dann wird es aber höchste Zeit. Wir lieben Gnocchi-Aufläufe vielleicht sogar noch etwas mehr als meine anderen Aufläufe!

ZUTATEN

500 g Gnocchi (Kühlregal)
1 Zwiebel
1 Knoblauchzehe
1 Brokkoli
150 g gekochter Schinken
1 Kugel Mozzarella (125 g Abtropfgewicht)
2 EL Olivenöl
1 EL Tomatenmark
250 g Kochsahne (alternativ Sahne)
400 ml Gemüsebrühe
je ½ TL Salz, frisch gemahlener Pfeffer und Chiliflocken
1 TL italienische Kräuter
50 g Pecorino Romano

ZUBEREITUNG

1. Zwiebel und Knoblauch schälen und klein scheiden.
2. Blätter und dicke Stiele vom Brokkoli entfernen. Brokkoliröschen waschen und halbieren bzw. vierteln. Strunk schälen und klein schneiden. Schinken in Streifen und Mozzarella in Scheiben schneiden.
3. Den Ofen auf 200 °C (Umluft) vorheizen.
4. Olivenöl in eine ofenfeste Pfanne geben und erhitzen. Zwiebel und Knoblauch hinzugeben und anschwitzen. Nach 1–2 Minuten den Schinken hinzugeben und anbraten.
5. Nach weiteren 1–2 Minuten Tomatenmark, Sahne bzw. Kochsahne, Brühe, Gewürze und Kräuter hinzugeben. Alle Zutaten gut miteinander verrühren und aufkochen lassen.
6. Gnocchi und Brokkoli hinzugeben und gut vermischen. Sauce abschmecken und ggf. nach Belieben nachwürzen.
7. Mit Mozzarella belegen, Pecorino drüber reiben und für ca. 15 Minuten im heißen Ofen backen. Fertig ist der schnelle und leckere Gnocchi-Auflauf mit Brokkoli.

Meine LIEBLINGE

Hier findest du meine Lieblingsrezepte. Sie kommen bei uns zuhause entweder regelmäßig auf den Tisch oder sind bei meiner Community besonders beliebt! Probiere unbedingt die Hack-Käse-Lauch-Pasta aus – das beste aus Deutschland und Italien in einem Gericht.

3 Port.

Schnelle GNOCCHI-PFANNE

Du hast nach Feierabend keine Lust mehr zu kochen? Dieses Gericht steht in nur knapp 15 Minuten auf deinem Tisch. Simpel aber richtig lecker!

ZUTATEN

600 g Gnocchi (Kühlregal)
200 g Kirschtomaten
1–2 Knoblauchzehen
50 g Tomatenmark
250 g Kochsahne
1 TL Salz
1 TL italienische Kräuter
½ TL Pfeffer
½ TL milde Chiliflocken
2 EL Olivenöl
30 g geriebener Parmesan
frischer Basilikum

ZUBEREITUNG

1. Kirschtomaten waschen und halbieren, den Knoblauch schälen und hacken.
2. In einer Pfanne Gnocchi in Olivenöl anbraten. Nach 3–4 Minuten Kirschtomaten und Knoblauch hinzugeben. Alles vermischen und kurz braten. Tomatenmark hinzugeben und umrühren.
3. Kochsahne, Gewürze, geriebener Parmesan und ggf. frischen Basilikum hinzugeben. Alle Zutaten cremig rühren, kurz ziehen lassen und servieren.

3 Port.

Gnocchi
MIT GESCHMOLZENEN KIRSCHTOMATEN

Eines der ersten von mir entwickelten Rezepte und bis heute ein Favorit meiner besseren Hälfte. Ob mit Rinderfilet oder ohne Fleisch – ein absoluter Genuss! Die Grundlage der Sauce bilden Olivenöl und Kirschtomaten, die etwas zerdrückt werden und eine herrliche Creme bilden.

ZUTATEN

600 g Gnocchi (Kühlregal)
300 g Rinderfilet (nach Belieben)
1 rote Zwiebel
500 g Kirschtomaten
5 EL Olivenöl
1 Knoblauchzehe
1 große Zucchini
2 TL Zucker
50 g Parmesan
2–3 Kellen Pastawasser
1 Handvoll Basilikumblätter
Salz
frisch gemahlener Pfeffer (nach Belieben)

ZUBEREITUNG

1. Nudelwasser aufsetzen und eine Pfanne auf mittlerer bis hoher Hitze vorheizen.
2. Rinderfilet in feine Streifen schneiden und in einer Pfanne scharf anbraten, salzen und pfeffern. Währenddessen die Zwiebel schälen und fein schneiden und Kirschtomaten abwaschen und halbieren.
3. Fleisch aus der Pfanne nehmen, Olivenöl in derselben Pfanne bei mittlerer Hitze erhitzen und Zwiebeln und Kirschtomaten anbraten. Währenddessen Knoblauch schälen und fein hacken, dann ebenfalls in die Pfanne geben.
4. Das ganze abgedeckt ca. 5 Minuten auf mittlerer Stufe köcheln lassen. Falls noch nicht passiert, kannst du die Tomaten gerne etwas andrücken, damit der Saft besser austritt.
5. Währenddessen Zucchini waschen, in mundgerechte Würfel schneiden und gemeinsam mit Zucker in die Pfanne geben.
6. Gnocchi in das kochende und gesalzene Nudelwasser geben, nicht sprudelnd köcheln lassen, bis sie oben schwimmen.
7. Dann Gnocchi sowie 2–3 Kellen Nudelwasser in die Pfanne geben und gut durchschwenken.
8. Parmesan reiben, hinzugeben und gut umrühren. Nun mit etwas Salz und Pfeffer abschmecken. Rinderfilet wieder rein. Mit frischem Basilikum garnieren und servieren. Bei Tisch gerne mit Salz und frisch gemahlenem Pfeffer verfeinern.

2 Port.

Pasta
MIT CRÈME FRAÎCHE

Ganz schnelle Nummer mit wenigen und günstigen Zutaten. Eines der einfachsten Rezepte und vielleicht auch deshalb eines der beliebtesten auf meinem Instagram-Kanal!

ZUTATEN

300 g Pasta (z. B. Fusilli lunghi)
1 Zwiebel
1 Knoblauchzehe
1 EL Olivenöl
50 g Tomatenmark
2–3 Kellen Pastawasser
150 g Crème fraîche
½ TL Salz
½ TL frisch gemahlener Pfeffer
1 EL Petersilie
½ TL edelsüßes Paprikapulver
1 TL milde Chiliflocken
30 g geriebener Parmesan

ZUBEREITUNG

1. Pastawasser aufsetzen und Pasta nach Anweisung kochen.
2. Zwiebel und Knoblauch schälen und fein würfeln. In einer Pfanne Olivenöl erhitzen und Zwiebeln und 1–2 Minuten später Knoblauch auf mittlerer Stufe darin anschwitzen.
3. Nach weiteren 1–2 Minuten Tomatenmark hinzugeben, kurz anbraten lassen und mit Pastawasser ablöschen. Crème fraîche hinzugeben und alles cremig rühren. Gewürze, Kräuter und Parmesan einrühren.
4. Wenn die Pasta al dente ist, diese in die Sauce geben und gut vermischen, ggf. noch etwas mehr Pastawasser dazugeben, für ein noch cremigeres Erlebnis.

2 Port.

Pasta
MIT MASCARPONE

Darf es etwas deftiger sein? Hier kommt cremige Mascarpone ins Spiel und verleiht diesem Gericht ordentlich Geschmack!

ZUTATEN

300 g Pasta (z. B. Rigatoni)
1 rote Zwiebel
1 Knoblauchzehe
250 g Kirschtomaten
1 EL Olivenöl
50 g Tomatenmark
150 g Mascarpone
2–3 Kellen Pastawasser
je ½ TL Salz, frisch gemahlener Pfeffer
½ TL edelsüßes Paprikapulver
1 EL Petersilie
1 TL getrockneter Oregano
Parmesan oder Pecorino als Topping (nach Belieben)

ZUBEREITUNG

1. Pastawasser aufsetzen und die Pasta darin nach Anweisung kochen. Zwiebel und Knoblauch schälen und grob hacken. Tomaten waschen und halbieren.
2. In einer Pfanne im Olivenöl zunächst Zwiebeln und 1–2 Minuten später Knoblauch auf mittlerer Stufe anschwitzen. Nach weiteren 1–2 Minuten Tomatenmark und Kirschtomaten hinzugeben, kurz anbraten lassen.
3. Mascarpone cremig einrühren. 1–2 Kellen Pastawasser ebenfalls hinein und einrühren, köcheln lassen. Nun die Gewürze und Kräuter einrühren.
4. Wenn die Pasta al dente ist, diese in die Sauce geben und gut vermischen. Ggf. noch etwas mehr Pastawasser dazugeben, für ein noch cremigeres Erlebnis. Wer mag, kann die Pasta mit geriebenem Parmesan oder Pecorino toppen.

2 Port.

Spaghetti DER SINNE

Der Name des Rezepts kam mir nach dem ersten Bissen direkt in den Sinn. Denn die Kombination aus süß, sauer und herzhaft ist einfach genial! Absolute Empfehlung von mir.

ZUTATEN

250 g Spaghetti
400 g Garnelen (küchenfertig)
4 EL Olivenöl
Salz
frisch gemahlener Pfeffer
Saft von 1 Limette
1 rote Zwiebel
2 Knoblauchzehen
1 rote Paprika
1 TL Zucker
250 g Kochsahne (alternativ Sahne)
1 EL Petersilie
2–3 Kellen Pastawasser

ZUBEREITUNG

1. In einer heißen Pfanne Garnelen in 2 EL Olivenöl kurz anbraten, mit Salz, Pfeffer und dem Saft von ½ Limette würzen, dann aus der Pfanne nehmen. Beiseitestellen.
2. Pastawasser aufsetzen. Zwiebel und Knoblauch schälen und in Streifen schneiden. Paprika putzen, waschen und in Würfel schneiden.
3. Restliches Olivenöl in der Pfanne auf mittlerer Stufe erhitzen und die Zwiebeln darin anschwitzen. Nach 3–4 Minuten Knoblauch und Paprika hinzugeben und anbraten.
4. Nun die Spaghetti ins kochende Wasser geben und kochen, bis sie al dente sind.
5. Zucker und restlichen Limettensaft in die Pfanne geben und karamellisieren lassen. Mit Kochsahne ablöschen und aufkochen lassen.
6. Petersilie einrühren und 1 Kelle Pastawasser hinzugeben. Mit Salz und Pfeffer würzen.
7. Spaghetti und Garnelen in die Pfanne geben, gut schwenken und 1–2 Minuten ziehen lassen. Ggf. noch Pastawasser hinzu und abschmecken.

4 Port.

Hack-Käse-Lauch-PASTA

Du kennst und liebst Hack-Käse-Lauch-Suppe? Dann ist das hier dein Rezept! Das Beste aus zwei Welten vereint in einem herrlich cremigen und leckeren Gericht. Halt unbedingt Ausschau nach einem Café-de-Paris-Gewürz.

ZUTATEN

350 g Pasta (Rigatoni oder Mafaldine)
2 Stangen Lauch
1 Zwiebel
500 g gemischtes Hackfleisch
je 1 TL Salz, Pfeffer, Paprikapulver
400 ml Gemüsebrühe
200 g Kräuterfrischkäse
75 g Kräuterschmelzkäse
250 g Kochsahne
1–2 TL Café de Paris (alternativ mehr Muskat oder ggf. etwas Currypulver)
frisch geriebene Muskatnuss

ZUBEREITUNG

1. Lauch putzen, gründlich waschen und in ca. 1 cm dicke Ringe schneiden. Zwiebel schälen und in kleine Würfel schneiden.
2. Hackfleisch in einer Pfanne mit etwas Öl scharf anbraten und mit je 1 TL Salz, Pfeffer und Paprikapulver würzen.
3. Lauch und Zwiebeln in die Pfanne hinzugeben und 2–3 Minuten mit anbraten. Alles mit Gemüsebrühe ablöschen, aufkochen und mit geschlossenem Deckel für ca. 10 Minuten auf niedriger Temperatur köcheln lassen.
4. In der Zwischenzeit Nudelwasser aufsetzen. Nudeln in das kochende Wasser geben und ca. 1 Minute kürzer kochen, als auf der Packung empfohlen.
5. In die Käse-Lauch-Hackfleisch-Sauce Schmelzkäse, Kräuterfrischkäse und Sahne unterrühren. Die Sauce mit Café de Paris, Salz, Pfeffer und Muskat abschmecken.
6. Nudeln abgießen und ggf. etwas vom Nudelwasser auffangen. Damit kannst du die Sauce etwas flüssiger machen, falls du das lieber hast.
7. Die Nudeln mit ggf. etwas Nudelwasser in die Pfanne geben. Alle Zutaten gut miteinander verrühren und 3–4 Minuten ziehen lassen.

3 Port.

Gnocchi
MIT PILZEN UND SPINAT

Die Kombination aus Pilzen und Spinat ist einfach herrlich. Dazu noch samtig weiche Gnocchi, und dein Abendessen ist gerettet! Ein sehr beliebtes Rezept beim weiblichen Teil dieses Haushalts!

ZUTATEN

500 g Gnocchi (Kühlregal)
1 Schalotte
2 Knoblauchzehen
400 g braune Champignons
100 g Baby-Blattspinat
2 EL Olivenöl
1 TL Butter
150 ml Gemüsebrühe
250 g Kochsahne
½ TL Salz
½ TL edelsüßes Paprikapulver
2 TL italienische Kräuter
frisch gemahlener Pfeffer (nach Belieben)
100 ml Milch (nach Bedarf)

ZUBEREITUNG

1. Schalotte und Knoblauch schälen. Knoblauch fein würfeln und Schalotte in dünne Ringe schneiden. Pilze putzen und je nach Größe halbieren oder vierteln. Spinat waschen und trocken schleudern/tupfen.
2. Eine große Pfanne auf hoher Stufe erhitzen. Olivenöl in die heiße Pfanne geben und die Pilze darin 3–4 Minuten scharf anbraten.
3. Hitze reduzieren, Butter hinzugeben und Schalotten sowie kurz danach Knoblauch hinzugeben und weitere 2–3 Minuten anbraten.
4. Mit Gemüsebrühe und Sahne ablöschen. Gewürze hinzugeben, einrühren und aufkochen lassen.
5. Gnocchi dazugeben, gut vermischen und 3–4 Minuten bei mittlerer Hitze köcheln lassen. Sie garen in der Sauce und dicken diese an.
6. Nun Spinat unterheben, bis er zusammenfällt. Wenn die Sauce zu dick ist, einfach etwas Milch einrühren. Mit Salz und Pfeffer nach Bedarf abschmecken und servieren.

3 Port.

Pasta MIT GARNELEN

Ein einfaches Gericht, das ich bei einem Italiener im Urlaub das erste Mal gegessen habe und zuhause unbedingt nachkochen musste! Hier bringe ich dir etwas Sommer auf den Teller.

ZUTATEN

300 g Spaghetti
4–5 EL Olivenöl
2 Knoblauchzehen
1 große Zucchini
500 g Kirschtomaten
300 g Garnelen (küchenfertig)
3–4 Kellen Pastawasser
1 Handvoll Basilikumblätter
Salz
frisch gemahlener schwarzer Pfeffer
Saft von ½ Zitrone

ZUBEREITUNG

1. Pastawasser zum Kochen bringen. 2 EL Olivenöl in einer Pfanne auf mittlerer Stufe erhitzen. Knoblauch schälen und in Scheiben schneiden; Zucchini waschen, putzen und würfeln. Kirschtomaten waschen und halbieren.
2. Garnelen von beiden Seiten scharf abraten, bis sie goldbraun sind und dann aus der Pfanne nehmen. Achtung: nicht durchbraten! Die restlichen 2–3 EL Olivenöl auf mittlerer Stufe erhitzen und Knoblauch, Zucchini sowie Kirschtomaten darin anbraten.
3. Währenddessen Pasta nach Packungsanweisung kochen.
4. Ein paar der halbierten Kirschtomaten andrücken, sodass sie zerlaufen und etwas Sauce bilden. 5 Minuten vor Ende der Kochzeit der Pasta 2 Kellen Pastawasser, Basilikum, Pfeffer und Zitronensaft in die Pfanne geben. Al dente gekochte Pasta in die Sauce einrühren und 1–2 Minuten gut schwenken, bis es schön cremig wird. Bei Bedarf noch etwas mehr Pastawasser hinzugeben. Garnelen unterheben und mit Salz sowie Pfeffer abschmecken.

2 Port.

Pasta PROVINCIALE

Ein Rezept, angelehnt an ein Gericht von meinem Papa, welches ich als Kind in seinem Restaurant geliebt habe. Seine Provinciale-Sauce war legendär und musste einfach mit ins Buch!

ZUTATEN

300 g Rigatoni
2–3 Knoblauchzehen
5 EL Olivenöl
1 Zweig Rosmarin
2 Dosen San-Marzano-Tomaten (je 400 g Füllgewicht)
1 TL Zucker
1 Kelle Pastawasser
100 g Sahne (nach Belieben)
30 g geriebener Parmesan
10–15 Basilikumblätter
Salz
frisch gemahlener schwarzer Pfeffer

ZUBEREITUNG

1. Knoblauch schälen und fein hacken. Das Olivenöl in einer Pfanne erhitzen und bei wenig Hitze Knoblauch und Rosmarin anbraten.
2. Währenddessen ausreichend gesalzenes Pastawasser aufsetzen. Rigatoni ins kochende Wasser geben und 1–2 Minuten weniger als angegeben kochen.
3. Den Saft der San-Marzano-Tomaten etwas abgießen (nicht alles) und die Tomaten etwas mit einer Gabel zerdrücken. In die Pfanne geben und leicht bei weiterhin niedriger Hitze erhitzen. Zucker hinzufügen. 1 Kelle Pastawasser, und nach Belieben die Sahne, in die Pfanne geben, Rosmarin herausfischen. Rigatoni in der Sauce gut schwenken und noch 1–2 Minuten ziehen lassen. Parmesan hinzugeben und noch einmal schwenken.
4. Den Basilikum waschen, trocken schütteln und grob hacken. Basilikum die Pasta streuen und mit etwas Salz und Pfeffer abschmecken.

2 Port.

Tagliatelle AL SALMONE

Lachs-Fans aufgepasst. Meine Tagliatelle al salmone sind wunderbar als Date-Night-Rezept geeignet. Einfach und schnell gemacht, um genug Zeit für die wesentlichen Dinge zu haben!

ZUTATEN

300 g Tagliatelle
2 Knoblauchzehen
200 g Kirschtomaten
2 EL Olivenöl
300 g Lachsfilet
1–2 EL Weißwein
Saft von 1 Limette
250 g Kochsahne
1–2 Kellen Pastawasser
Salz
frisch gemahlener schwarzer Pfeffer
frisch geriebene Muskatnuss
1–2 EL Dill (frisch oder TK)

ZUBEREITUNG

1. Knoblauch schälen, hacken, Kirschtomaten waschen und halbieren. 1 EL Olivenöl in der Pfanne erhitzen. Den Lachs trocken tupfen, in mundgerechte Stücke schneiden und in der heißen Pfanne kurz scharf anbraten. Mit Weißwein sowie Limettensaft ablöschen. Nach 1 weiteren Minute den Lachs aus der Pfanne nehmen und zur Seite stellen.
2. 1 EL Olivenöl in die Pfanne geben, um den gehackten Knoblauch und die halbierten Kirschtomaten darin anbraten zu können. Wenn der Knoblauch langsam braun wird, die Tomaten etwas zerdrücken und mit Sahne aufgießen.
3. In der Zwischenzeit Pastawasser aufsetzen und die Pasta ins kochende Wasser geben, bis sie al dente ist.
4. Währenddessen die Sauce köcheln lassen und 2–3 Minuten, bevor die Pasta al dente ist, 1–2 Kellen Pastawasser hinzugeben. Mit 1 TL Salz, ½ TL Pfeffer und 1 Prise Muskat würzen und Dill hinzugeben, gut einrühren und aufkochen lassen.
5. Die Pasta zur Sauce geben, darin schwenken und servieren.

3 Port.

Gnocchi al Limone MIT MASCARPONE

Dieses Gericht ist Sommer pur! Leckere Gnocchi in einer cremig frischen Zitronen-Mascarpone-Sauce. Einer meiner absoluten Favoriten! Wenn du magst, kannst du hier auch gerne mit Lachs oder Garnelen kombinieren!

ZUTATEN

500 g Gnocchi (Kühlregal)
1 Bio-Zitrone (Saft und Zeste)
50 g Baby-Blattspinat
200 g Mascarpone
Salz, frisch gemahlener Pfeffer
1 EL Butter
1 TL Olivenöl
1 Knoblauchzehe

ZUBEREITUNG

1. Zitrone heiß abwaschen und die Schale mit einer Reibe abreiben, danach den Saft auspressen. Den Blattspinat waschen und trocken schütteln.
2. Saft und Zeste der Zitrone gemeinsam mit Mascarpone und 100 ml Wasser in einer Schüssel glattrühren. Gern hier schon einmal mit Salz und Pfeffer abschmecken.
3. Eine Pfanne auf mittlerer Hitze erhitzen. Butter und Olivenöl hineingeben und Gnocchi darin für 3–5 Minuten anbraten. In der Zeit Knoblauch schälen und fein würfeln. Knoblauch und Spinat nun auch in die Pfanne geben und ca. 2 Minuten anbraten. Nun die Mascarpone-Creme dazugeben und alles zusammen 2–3 Minuten köcheln lassen. Bei Bedarf Wasser hinzufügen, wenn die Sauce zu dick ist.
4. Nochmals mit Salz und Pfeffer abschmecken und servieren.

Tortellini

IN TOMATEN-SAHNE-SAUCE

Du hast als Kind auch die Variante von einer bekannten Firma mit magischem Namen gegessen? An diesem Rezept habe ich lange gearbeitet, dass es so schmeckt wie früher!

ZUTATEN

500 g Tortellini (Trockenware)
2 EL Olivenöl
2 Schalotten
1 Stange Staudensellerie
1 Knoblauchzehe
1–2 EL Zucker
500 g passierte Tomaten
250 g Sahne
1 TL getrockneter Oregano
½ TL getrockneter Thymian
Salz
frisch gemahlener schwarzer Pfeffer
1 Kelle Pastawasser
Parmesan als Topping (nach Belieben)

ZUBEREITUNG

1. Olivenöl in einer Pfanne auf mittlerer Stufe erhitzen. Schalotten schälen, Selleriestange waschen und beides fein schneiden. Ein Multi-Zerkleinerer eignet sich hier ideal. Schalotten und Sellerie in der Pfanne anschwitzen.
2. Den Knoblauch schälen und nach 2 Minuten durch eine Presse in die Pfanne hineingeben. Nach weiteren 1–2 Minuten Zucker hinzugeben, umrühren und kurz danach die passierten Tomaten aufgießen, umrühren und aufkochen lassen. Abgedeckt 5–10 Minuten köcheln lassen.
3. Währenddessen Pastawasser aufsetzen und die Tortellini nach Packungsanweisung kochen.
4. Sahne in die Sauce einrühren, mit den Gewürzen und Kräutern abschmecken. Vorsicht beim Salzen, da noch Pastawasser hinzukommt. Tortellini und 1 Kelle Pastawasser in die Sauce geben, gut umrühren und in der Pfanne nochmal 1–2 Minuten ziehen lassen. Den Parmesan reiben und über die Tortellini streuen.

MADE IN JAPAN

3 Port.

Farfalle
IN KÄSE-KRÄUTER-SAUCE

Die zweite Variante des beliebten Fertigprodukts aus meiner Kindheit. Der Bockshornklee ist hier das Geheimnis. Mein Rezept schmeckt fast genauso wie früher!

ZUTATEN

350 g Farfalle
1 TL Butter
1 Zwiebel
1 Knoblauchzehe
Zucker
1 TL Mehl
400 ml Milch
30 g geriebener Parmesan
30 g geriebener Pecorino Romano
1–2 TL gemahlener Bockshornklee
1 TL Oregano
1 EL frischer Basilikum
Salz
frisch gemahlener schwarzer Pfeffer

ZUBEREITUNG

1. Eine große Pfanne auf mittlere Stufe erhitzen. Die Zwiebeln schälen und fein hacken. Knoblauch ebenfalls schälen und durch eine Presse geben. Butter in der Pfanne schmelzen lassen. Und die Zwiebeln darin 2–3 Minuten glasig anbraten, danach den Knoblauch hinzugeben. Nach weiteren 1–2 Minuten 1 Prise Zucker und das Mehl einrühren. Sofort mit Milch aufgießen, gut vermischen und aufkochen lassen.
2. In der Zwischenzeit einen Topf mit Pastawasser aufsetzen und die Farfalle in das kochende Pastawasser geben, bis sie al dente sind.
3. Parmesan, Pecorino, je ½ TL Salz und Pfeffer sowie Kräuter dazugeben und alles gut vermischen. Die Nudelsauce sollte nun deutlich angedickt sein. Daher nicht mehr weiter kochen, da die Sauce sonst zu fest wird. Jetzt noch 1–2 Kellen Pastawasser hinzugeben und zum Schluss die al dente Farfalle hineingeben, gut vermischen und servieren. Bei Tisch ggf. noch einmal mit etwas Salz und Pfeffer verfeinern.

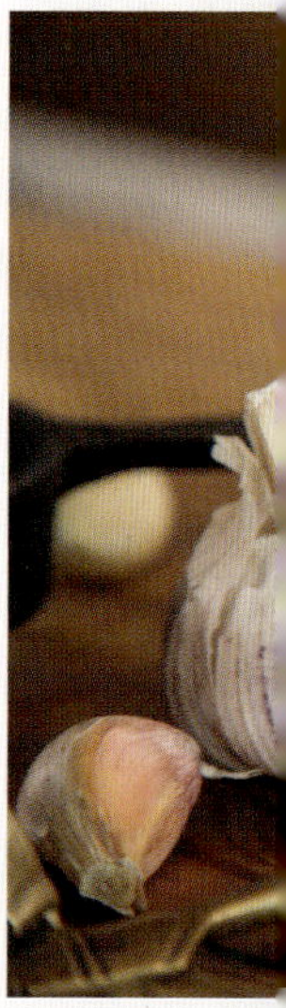

Pesto-REZEPTE

Pesto wird in Deutschland absolut unterschätzt, denn aus nahezu allen Dingen lässt sich ein wunderbares Pesto herstellen. Ich zeige dir hier ein paar Ideen.

Alla Genovese GRÜNES PESTO

je 4 Port.

Der Klassiker, den jeder kennt! Aber hast du grünes Pesto schon einmal selber gemacht? Es ist so einfach, viel leckerer als fertiges Pesto aus dem Supermarkt und super schnell gemacht.

ZUTATEN

70 g Pinienkerne
2 Töpfe Basilikum
70 g Parmesan
1–2 Knoblauchzehen
100 ml Olivenöl
Salz

ZUBEREITUNG

1. Pinienkerne in einer Pfanne anrösten und abkühlen lassen.
2. Den Basilikum pflücken; kleine Stiele können gerne dranbleiben, waschen und trocken schütteln. Den Parmesan fein reiben. Die Knoblauchzehen schälen und grob zerkleinern.
3. Basilikum, Olivenöl, Knoblauch und die Hälfte der Pinienkerne mit einem Stabmixer zerkleinern. Fein geriebenen Parmesan hinzugeben und noch einmal mixen. Die restlichen Pinienkerne grob hacken und unterrühren, mit Salz abschmecken.
4. Wenn du das Pesto haltbar machen möchtest, gib es in ein steriles Glas, bedecke es mit 2 cm Olivenöl und lagere es im Kühlschrank.

ROTES PESTO

Wer auf grünes Pesto abfährt, sollte vor rotem Pesto keinesfalls Halt machen! Egal ob frisch zur Pasta, als Aufstrich oder als Teil eines Nudelsalats, dieses rote Pesto ist unheimlich lecker!

ZUTATEN

60 g Pinienkerne
20–30 Basilikumblätter
160 g getrocknete Tomaten (ohne Öl)
2 Knoblauchzehen
60 g geriebener Parmesan
2 TL Tomatenmark
80 ml Olivenöl
Salz, frisch gemahlener Pfeffer

ZUBEREITUNG

1. Pinienkerne rundherum in einer Pfanne ohne Öl bei mittlerer Hitze langsam anrösten, bis sie goldbraun sind. Danach auf einem Küchenpapier abkühlen lassen.
2. Basilikum waschen und trocken schütteln. Alle Zutaten, abgesehen vom Olivenöl und ein paar Pinienkernen, in einen Mixer geben und gut mixen. Achte darauf, dass die Paste nicht zu fein wird. Es sollten noch kleine Stücke zu erkennen sein. Olivenöl hinzufügen und noch einmal kurz mixen. Die restlichen Pinienkerne grob hacken und unter das fertige Pesto heben!

Tipp

Das Pesto eignet sich wunderbar für Salate, als Aufstrich oder klassisch zur Pasta. Dazu einfach deine Pasta kochen, etwas Pesto in einer Pfanne erwärmen und kurz vor Ende der Kochzeit 1 Kelle Pastawasser zum Pesto geben und dann die al dente gekochte Pasta unterheben.

3 Port.

Möhren-Frischkäse-PESTO

Zugegeben, dieses Rezept klingt etwas unspektakulär. Ich kann aber ohne zu flunkern behaupten, dass es neben dem grünen Pesto die häufigste Variante ist, die es bei uns gibt. Du brauchst kaum Zutaten, und Möhren haben wir immer auf Vorrat.

ZUTATEN

400 g Möhren
30 g Erdnusskerne
1 Knoblauchzehe
30 g geriebener Parmesan
100 g Frischkäse (16 % Fett)
Salz
frisch gemahlener schwarzer Pfeffer

ZUBEREITUNG

1. Möhren schälen und klein schneiden. Dann für ca. 15–20 Minuten bei 600 Watt in der Mikrowelle mit etwas Wasser in einer Schüssel mit Deckel dünsten, bis sie gar sind. Alternativ im Kochtopf mit etwas Wasser kochen. Anschließend die Möhren abgießen.
2. Währenddessen Erdnüsse in einer Pfanne ohne Öl anrösten. Knoblauch schälen. Die Möhren, Erdnusskerne, geriebenen Parmesan, Frischkäse, Knoblauchzehe und je 1 Prise Salz und Pfeffer in eine Schüssel geben und mit einem Pürierstab gut pürieren. Bei Bedarf etwas Wasser hinzufügen, damit es cremiger wird.

Tipp

Ideal dazu passen Gnocchi. Das Pesto eignet sich auch wunderbar als Dip!

3 Port.

Geröstetes PAPRIKA-PESTO

Eine Kreation von mir, die vor allem auf Instagram sehr beliebt ist. Einfach gemacht und durch das Anrösten der Zutaten besonders lecker. Auch unsere große Tochter liebt die Sauce. Perfekt auch als Resteverwertung für Paprika.

ZUTATEN

300 g Mafaldine (alternativ andere Pasta nach Wahl)
3 Paprika (Farbe nach Wahl)
1 rote Zwiebel
1 Knoblauchzehe
2 EL Olivenöl
1 TL italienische Kräuter
Salz
frisch gemahlener schwarzer Pfeffer
½ TL milde Chiliflocken
150 g Kräuterfrischkäse
30 g geriebener Parmesan

ZUBEREITUNG

1. Backofen auf 220 °C (Ober-/Unterhitze) vorheizen.
2. Paprika putzen und waschen, Zwiebel und Knoblauch schälen. Alles in grobe Stücke schneiden und in eine Auflaufform legen. Mit Olivenöl, den Kräutern, je ½ TL Salz und Pfeffer und den übrigen Gewürzen vermischen. Frischkäse in die Mitte geben und für ca. 20 Minuten im heißen Ofen (Mitte) backen.
3. Währenddessen Pastawasser aufsetzen und die Pasta nach Packungsanleitung kochen.
4. Nach 20 Minuten die gebackenen Zutaten aus dem Ofen holen und gemeinsam mit geriebenem Parmesan in einem Mixer oder mit dem Stabmixer mixen. Bei Bedarf noch einmal abschmecken und mit der fertigen Pasta servieren.

je 4 Port.

Bärlauch-PESTO

Leider ist die Bärlauchsaison viel zu kurz. Mit diesem Pesto kannst du sie vielleicht noch etwas verlängern, wenn du es nicht sofort aufisst. Du kannst es auch wunderbar portionieren und einfrieren!

ZUTATEN

30 g Pinienkerne
60 g Bärlauch
5–10 Basilikumblätter
30 g Parmesan
100 ml Olivenöl
Salz

ZUBEREITUNG

1. Pinienkerne in einer Pfanne ohne Öl anrösten und auf einem Küchenpapier auskühlen lassen.
2. Bärlauch und Basilikum waschen und trocken schütteln. Bei Bedarf die groben Stiele vom Bärlauch entfernen. Den Parmesan reiben. Bärlauch, Basilikum, Öl und Pinienkerne in einen Mixer geben und zu einer homogenen Masse mixen. Dann den Parmesan unterheben und mit Salz abschmecken. Mit Pasta der Wahl oder Gnocchi genießen.

Petersilien-PESTO

Oft leider etwas unterschätzt, doch absolut zu Unrecht. Wenn du frische Petersilie, am besten im türkischen Supermarkt siehst, schnapp sie dir und bereite dieses Pesto zu.

ZUTATEN

100 g Blattpetersilie
40 g Cashewkerne
40 g Pecorino Romano
2 Knoblauchzehen
70 ml Olivenöl
Salz
frisch gemahlener schwarzer Pfeffer

ZUBEREITUNG

1. Petersilie waschen, trocken schütteln und von groben Stielen entfernen, kleine sollen dranbleiben! Cashewkerne in einer Pfanne ohne Öl goldbraun anrösten und auf einem Küchenpapier auskühlen lassen. Pecorino Romano reiben. Knoblauch schälen.
2. Alle Zutaten bis auf Salz, Pfeffer und den Pecorino Romano in einen Mixer, Multizerkleinerer oder in ein hohes Gefäß für einen Stabmixer geben und zu einer homogenen Masse mixen. Pecorino Romano unterheben. Mit Salz und Pfeffer abschmecken.

Walnuss-Pesto MIT RICOTTA

Diese Pesto-Variante ist inspiriert durch eine bekannte Marke. Perfekt zu Pasta aber auch ideal als Dip. Das Geheimnis sind die angerösteten Walnüsse in Kombination mit dem Frischkäse.

ZUTATEN

400–600 g Pasta
70 g Walnusskerne
10 Basilikumblätter
1–2 Knoblauchzehen
30 g Parmesan
150 g Ricotta
30 ml Olivenöl
1 EL Tomatenmark
Salz
frisch gemahlener schwarzer Pfeffer
Zucker

ZUBEREITUNG

1. Walnüsse ohne Öl in einer Pfanne leicht anrösten und auf einem Küchentuch abkühlen lassen. Basilikum waschen und trocken schütteln. Knoblauch schälen und grob hacken. Parmesan reiben. Alle Zutaten bis auf die Pasta und Gewürze in einem Mixer mixen. Mit je ½ TL Salz und Pfeffer sowie 1 Prise Zucker abschmecken.
2. In ein sauberes Glas füllen. Das Pesto ist im Kühlschrank 2–3 Tage haltbar. Optional mit 2 cm Olivenöl bedecken, so ist es länger haltbar.
3. Gewünschte Menge Pasta kochen.
4. Währenddessen etwas von dem Pesto in einer Pfanne auf niedriger Temperatur leicht erhitzen. Kurz bevor die Pasta al dente ist, etwas Pastawasser zum Pesto in die Pfanne geben und cremig rühren.
5. Al dente gekochte Pasta dazugeben, gut vermischen und schmecken lassen.

Tipp

Es empfiehlt sich, nicht das ganze Öl sofort hinzuzugeben, sondern je nach gewünschter Konsistenz mehr oder weniger zu nutzen.

Snacks & SALATE

Wenn es etwas leichter sein darf, bist du hier richtig! Auf Geschmack musst du aber nicht verzichten. Mein Favorit zu jeder Jahreszeit ist klassische Bruschetta - einfach immer wieder lecker!

6 Port.

Tortellini-Salat MIT PESTO

Eines der liebsten Rezepte meiner Familie. Schnell gemacht, ideal zum Vorbereiten und der Star bei jeder Grillparty. Falls du noch etwas grünes Pesto übrig hast, ist dieses Rezept ideal, um es zu verwenden.

ZUTATEN

500 g Tortellini
50 g Pinienkerne
125 g Rucola
250 g Kirschtomaten
250 g Mini-Mozzarella-kugeln
1 Bio-Zitrone
60 ml Olivenöl
3 EL Basilikum-Pesto (siehe S. 126)
Salz
frisch gemahlener schwarzer Pfeffer
Balsamico-Creme (nach Belieben)

ZUBEREITUNG

1. Einen Topf mit Wasser aufsetzen und Tortellini darin nach Packungsanweisung kochen. Anschließend in eiskaltem Wasser auskühlen lassen. Dann in einem Sieb abtropfen (so behalten sie ihren Biss).
2. Pinienkerne in einer Pfanne ohne Öl goldbraun anrösten und danach auf einem Küchenpapier auskühlen lassen. Rucola gründlich waschen und trocken schleudern. Danach 1–2 mal durchschneiden. Tomaten waschen und halbieren. Mozzarella-kugeln ggf. halbieren. Zitrone heiß abwaschen und die Schale mit einer Reibe abreiben, dann den Saft auspressen.
3. Tortellini in einer großen Schüssel mit Olivenöl und Pesto vermischen. Rucola, Tomaten und Mozzarella-Kugeln dazu geben, ebenso den Saft und Abrieb der Zitrone. Alles gut miteinander vermischen.
4. Mit Salz und reichlich Pfeffer abschmecken und die Pinienkerne darüber geben. Optional passt auch etwas Balsamico-Creme wunderbar dazu.

6 Port.

Mediterraner NUDELSALAT

Mein Lieblingsrezept, wenn es draußen wärmer und der Grill angefeuert wird. Die ideale Beilage bei deiner Grillparty oder zum Brunch. Auch perfekt für den nächsten Ausflug. Schmeckt lauwarm oder kalt, und du kannst mehrere Tage davon essen!

ZUTATEN

400 g Pasta (z. B. Fusilli, Farfalle oder Penne)
30 g Pinienkerne
20 Basilikumblätter
100 g getrocknete Tomaten
300 g passierte Tomaten
50 ml Olivenöl
Salz
frisch gemahlener schwarzer Pfeffer
1 TL italienische Kräuter
1 TL milde Chiliflocken
250 g Kirschtomaten
1 Kugel Mozzarella (125 g Abtropfgewicht)
100 g Rucola
50 g gehobelter Parmesan

ZUBEREITUNG

1. Einen Topf mit Pastawasser aufsetzen, Nudeln nach Packungsanweisung kochen und in eiskaltem Wasser auskühlen lassen. Dann in einem Sieb abtropfen (so behalten sie ihren Biss).
2. Pinienkerne in einer Pfanne ohne Fett etwas anrösten, dann auf einem Küchentuch abkühlen lassen. Basilikum waschen, trocken schütteln und in Streifen schneiden. Die getrockneten Tomaten ebenfalls in Streifen schneiden. Passierte Tomaten, Olivenöl, die Gewürze und Kräuter, getrocknete Tomaten und Basilikum in eine Salatschüssel geben und gut miteinander vermischen. Kirschtomaten waschen und halbieren, Mozzarella würfeln. Den Rucola waschen, trocken schleudern und alles mit der abgekühlten Pasta in die Salatschüssel hinzugeben und vermischen.
3. Zum Abschluss noch gehobelten Parmesan und geröstete Pinienkerne unterheben.

2 Port.

Ciabatta CAPRESE

Wenn ich als Kind Urlaub bei meinem Papa und in seinem Restaurant gemacht habe, habe ich mir oft ziemlich genau so etwas hier gebaut. Frisches Brot mit besten italienischen Zutaten, kurz angeröstet – Kindheitserinnerung für mich, Genuss für dich!

ZUTATEN

1 Ciabatta
2 EL Olivenöl
20 g Rucola
3 Strauchtomaten
1 Knoblauchzehe
2 Kugeln Mozzarella (je 125 g Abtropfgewicht)
Salz
frisch gemahlener schwarzer Pfeffer
60 g Parmaschinken
Balsamico-Creme (nach Belieben)

ZUBEREITUNG

1. Ciabatta längs aufschneiden. Die Schnittflächen mit Olivenöl bestreichen und entweder in der Grillpfanne oder im heißen Backofen 10 Minuten bei 180 °C (Umluft) auf der Schnittfläche braten/backen.
2. Währenddessen Rucola waschen und trocken schleudern. Tomaten waschen, Strunk entfernen und in 5 mm dicke Scheiben schneiden. Knoblauch schälen. Mozzarella abgießen, trocken tupfen und in 5 mm dicke Scheiben schneiden.
3. Geröstete Ciabatta auf der Schnittfläche mit dem Knoblauch einreiben. Dann mit Tomaten und Mozzarella belegen. Nach Bedarf bisschen pfeffern und salzen. Parmaschinken und Rucola drauflegen und nach Belieben mit Balsamico-Creme verfeinern und servieren.

2 Port.

Bruschetta TRADIZIONALE

Im Sommer gibt es diese Bruschetta hier regelmäßig. Zutaten dafür haben wir immer da, und sie ist schnell gemacht. Gerade an Tagen, an denen es zu heiß ist, um lange in der Küche zu stehen, sind Bruschette eine tolle Idee!

ZUTATEN

1 Ciabatta (alternativ anderes Brot/Baguette)
6 Strauchtomaten
10 Basilikumblätter
6 EL Olivenöl
Salz
frisch gemahlener schwarzer Pfeffer
1 Knoblauchzehe
40 g gehobelter Parmesan (nach Belieben)

ZUBEREITUNG

1. Backofen auf 200 °C (Umluft) vorheizen.
2. Tomaten waschen, Strunk entfernen, entkernen und in kleine Stücke schneiden. Basilikum waschen, trocken schütteln und klein schneiden. Tomatenstücke und Basilikum mit 3 EL Olivenöl in einer Schüssel gut vermischen. Mit Salz und Pfeffer würzen und ziehen lassen.
3. Das Ciabatta in Scheiben schneiden. Dann von beiden Seiten mit Olivenöl einstreichen und ca. 15 Minuten im heißen Backofen (Mitte) goldbraun backen. Alternativ in einer Pfanne goldbraun anbraten.
4. Die noch warmen Brotscheiben von beiden Seiten mit der Knoblauchzehe einreiben. Tomatenmischung auf die Brote geben, optional mit geriebenem Parmesan verfeinern und servieren.

2 Port.

Bruschetta

ZUCCHINI-PROVOLONE

Du kennst den Klassiker und liebst das Besondere? Dann bist du hier genau richtig! Lecker angebratene Zucchini mit würzigem Provolone. Den bekommst du im italienischen Supermarkt oder im gut sortierten Einzelhandel. Alternativ schmeckt auch Pecorino.

ZUTATEN

1 Ciabatta (alternativ anderes Brot/Baguette)
6 EL Olivenöl
1 Zucchini
Salz
frisch gemahlener schwarzer Pfeffer
1 Knoblauchzehe
100 g Provolone

ZUBEREITUNG

1. Backofen auf 200 °C (Umluft) vorheizen.
2. Das Ciabatta in Scheiben schneiden und von beiden Seiten mit Olivenöl beträufeln bzw. einreiben. Die Scheiben ca. 15 Minuten im heißen Ofen (Mitte) goldbraun gebacken. Alternativ in einer heißen Pfanne goldbraun anbraten.
3. In der Zwischenzeit die Zucchini waschen und in 2–3 mm dünne Scheiben schneiden. Die Scheiben in einer Grillpfanne oder auf dem Grill mit reichlich Olivenöl von beiden Seiten grillen, bis sie ein schönes Muster haben und weich sind. Das dauert 6–8 Minuten. Sobald die Scheiben gegrillt sind, in einer Schüssel abkühlen lassen und mit Salz und Pfeffer würzen.
4. Mit der Knoblauchzehe die warmen Scheiben Ciabatta von beiden Seiten einreiben. Abgekühlte Zucchini auf die Brotscheiben verteilen. Mit geriebenem oder in feine Stücke geschnittenem Provolone verfeinern. Anschließend noch etwas Olivenöl darüber träufeln.

2 Port.

Rucolasalat MIT FETA

Wenn es etwas leichter sein soll, empfehle ich dir diesen Rucolasalat. Aus der italienischen Küche ist Rucola kaum wegzudenken – zurecht, wie ich finde. Das nussige Aroma passt zu vielen Rezepten und ist auch als Salatgrundlage superlecker!

ZUTATEN

40 g Pinienkerne
100 g Rucola
200 g Tomaten
10 Basilikumblätter
80 g Feta
Salz
frisch gemahlener schwarzer Pfeffer
2 EL Olivenöl
Abrieb von ½ Bio-Zitrone (nach Belieben)
Balsamico-Creme (nach Belieben)

ZUBEREITUNG

1. Pinienkerne in einer Pfanne ohne Öl goldbraun anrösten. Alternativ im Ofen 10 Minuten ohne Vorheizen auf 180 °C (Umluft) rösten.
2. Rucola waschen, trocken schleudern und grob hacken. Tomaten waschen, den Strunk entfernen und in mundgerechte Stücke schneiden. Basilikum waschen und trocken schütteln. Den Feta abgießen und trocken tupfen.
3. Alles auf zwei Tellern verteilen und mit gerösteten Pinienkernen bestreuen. Je 1 Prise Salz und Pfeffer sowie etwas Olivenöl darüber geben. Nach Belieben mit etwas Zitronenabrieb und Balsamico-Creme verfeinern. Dafür die Zitrone heiß abwaschen und mit einer Reibe die Schale über dem Salat abreiben.

2 Port.

Burrata-Salat
MIT TOMATEN

Burrata schmeckt nicht nur in meiner Burrata-Pasta genial, sondern ist auch ein Highlight auf deinem Salatteller. Der sahnige Kern vermischt sich mit den restlichen fruchtig-frischen Zutaten. Einfach ein Genuss!

ZUTATEN

40 g Pinienkerne
60 g Rucola
100 g Kirschtomaten
30 g Parmesan
2 Kugeln Burrata (je 150 g Abtropfgewicht)
100 g Himbeeren
Salz
frisch gemahlener schwarzer Pfeffer
2 EL Olivenöl
Balsamico-Creme (nach Belieben, alternativ Himbeer-Balsamico)

ZUBEREITUNG

1. Pinienkerne in einer Pfanne ohne Öl goldbraun anrösten. Alternativ im Ofen 10 Minuten ohne Vorheizen auf 180 °C (Umluft) rösten.
2. Rucola waschen, trocken schleudern und grob hacken. Tomaten waschen und halbieren. Parmesan hobeln. Burrata abgießen. Himbeeren waschen und trocken tupfen.
3. Rucola, Tomaten und Himbeeren auf zwei Tellern verteilen. Burrata in der Mitte platzieren und Pinienkerne sowie Parmesan darüber streuen. Je 1 Prise Salz und Pfeffer, Olivenöl sowie Balsamico darüber geben und schmecken lassen!

REGISTER

B

C

D

E

L

M

N

P

R

S

T

W

Z

ÜBER DEN AUTOR

Als Sohn eines Italieners, waschechter Neapolitaner um genau zu sein, bekam Daniel Schmitz die Leidenschaft zum Kochen von jung auf mit. Nach reichlich Überzeugungsarbeit einer lieben Freundin begann er damals sein Mittagessen nicht nur im Büro zu präsentieren, sondern auch auf Instagram. Was aus einem Spaß heraus entstand, ist purer Ernst geworden. Heute folgen dem @fitaliancook über 360.000 Follower und freuen sich besonders über seine einfache Alltagsküche, die simpel und doch so lecker ist. Ob Klassiker der italienischen Küche oder schnelle und einfache Rezepte für den Feierabend. Mit seinen Rezepten kann jeder lecker kochen – versprochen!

ÜBER DIE FOTOGRAF*INNEN

Mirja und Jens Glatz arbeiten unter anderem als Foodfotograf*innen in Rudersberg, in der Nähe von Stuttgart, und betreuen mit ihrer Medienagentur viele Firmen, Verlage und Creator im Kochbereich. Social Media, Kochen und Reisen sind ihre großen Leidenschaften, die sie in ihrem Familienunternehmen perfekt miteinander kombinieren. Die beiden Foodies verbindet nicht nur der Ehering, sondern auch ihre Leidenschaft zu gutem Essen. Seit über zehn Jahren sind sie mit ihren Foodblogs www.kuechenchaotin.de und www.kochhelden.tv, mit Showcookings auf den großen Messebühnen und ihrem eigenen YouTube-Kanal erfolgreich und haben sich durch diverse, auch eigene, Kochbuchproduktionen einen Namen in der Foodszene gemacht.

... weitere tolle Bücher!

Pasta Tradizionale – Noch mehr Lieblingsrezepte der "Pasta Grannies"

Über 60 geheime Rezepte aus ganz Italien

33,00 EUR (DE) / 34,00 EUR (AT)
ISBN: 978-3-7459-1463-4

Soulfood für Faule

Über 50 Wohlfühlrezepte in maximal 30 Minuten für den Feierabend kochen

22,00 EUR (DE) / 22,70 EUR (AT)
ISBN: 978-3-7459-1555-6

Lass kochen! Mit Keladam's Kitchen

60 ultra-leckere Rezepte

25,00 EUR (DE) / ca. 25,70 EUR (AT)
ISBN: 978-3-7459-1564-8

Impressum

Bibliografische Information der Deutschen Bibliothek.

Die Deutsche Bibliothek verzeichnet diese Publikation in der Deutschen Nationalbibliografie. Detaillierte bibliografische Daten sind im Internet über http://www.dnb.de/ abrufbar.

EIN BUCH DER EDITION MICHAEL FISCHER

2. Auflage 2024

Projektmanagement und Lektorat: Lena Buch
Cover-, Layoutgestaltung & Satz: Zoe Mitterhuber
Foodfotografie: © Glatz Media, Rudersberg
Illustrationen S. 4, 12, 13, 14, 15, 18: © Adehoidar/Shutterstock
Moodbilder: S. 10: © Georgia de Lotz/unsplash; S. 11: © Jose-Alejandro Cuffia/unsplash, © Mae Mu/unsplash; S. 19: © Annie Spratt/unsplash; S. 21: © Olha Tatdot/unsplash, © Roberta Sorge/unsplash; S. 22: © Ananthan Loggi/unsplash; S. 23: © Tamara Malaniy/unsplash; S. 48: © Bogdan Dada/unsplash; S. 49: © Arthur Yeti/unsplash; S. 72: © Samuel Ferrara/unsplash; S. 73: © Y. Peyankov/unsplash; S. 96: © Janine Joles/unsplash; S. 97: © Chris Czermak-Pam/unsplash; S. 124: © Gabriella Clare Marino/unsplash; S. 125: © Brands People/unsplash; S. 136 © Luca Micheli/unsplash; S. 137: © Domenico loia/unsplash; S. 157: © Giuseppe Mondi/unsplash

ISBN 978-3-7459-1758-1

Gedruckt bei PNB Print SIA „Jansili", Silakrogs, Ropazu novads, LV-2133, Lettland

www.emf-verlag.de